THE LITTLE BOOK OF
HYGGE

THE LITTLE BOOK OF

HYGGE

THE DANISH WAY TO LIVE WELL

MEIK WIKING

囍生活2AF363

我們最快樂：Hygge，向全世界最幸福的丹麥人學過生活 暢銷最新版

The Little Book of Hygge : The Danish Way to Live Well

作　　者	麥克‧威肯Meik Wiking
譯　　者	高霈芬
責任編輯	許瑜珊、李素卿
內頁設計	江麗姿
封面設計	逗點創制
行銷企畫	辛政遠、楊惠潔
總 編 輯	姚蜀芸
副 社 長	黃錫鉉
總 經 理	吳濱伶
發 行 人	何飛鵬
出　　版	創意市集

發　　行　英屬蓋曼群島商
　　　　　家庭傳媒股份有限公司城邦分公司
　　　　　歡迎光臨城邦讀書花園
　　　　　網址www.cite.com.tw

展售門市　台北市民生東路二段141號7樓
製版印刷　凱林彩印股份有限公司
3 版 1 刷　2022年11月
定　　價　420元

香港發行所　城邦（香港）出版集團有限公司
　　　　　　香港灣仔駱克道193號東超商業中心1
　　　　　　電話：(852) 25086231
　　　　　　傳真：(852) 25789337
　　　　　　E-mail：hkcite@biznetvigator.com

馬新發行所　城邦（馬新）出版集團
　　　　　　Cite (M) Sdn Bhd
　　　　　　41, Jalan Radin Anum, Bandar Baru
　　　　　　Sri Petaling, 57000 Kuala Lumpur,
　　　　　　Malaysia.
　　　　　　電話：(603) 90563833
　　　　　　傳真：(603) 90576622
　　　　　　E-mail：services@cite.my

客戶服務中心
地址：10483台北市中山區民生東路二段141號B1
服務電話：（02）2500-7718、（02）2500-7719
服務時間：周一至周五9：30～18：00
24小時傳真專線：（02）2500-1990～3
E-mail：service@readingclub.com.tw

國家圖書館出版品預行編目(CIP)資料

我們最快樂：Hygge，向全世界最幸福的丹麥人學過
生活 暢銷最新版/ 麥克．威肯(Meik Wiking)作；高霈芬
譯. -- 初版. -- 臺北市：創意市集出版：家庭傳媒城邦分
公司發行, 2022.11
　譯自：The Little Book of Hygge : The Danish Way to
Live Well
　ISBN 978-626-7149-33-1(平裝)

1.生活指導 2.幸福 3.丹麥

177.2　　　　　　　　　　　　　　　　111015910

CONTENTS

INTRODUCTION

Hooga？Hhyooguh？Heurgh？這個字要怎麼讀或怎麼拼，都不是那麼重要。當代偉大哲學家小熊維尼被問到如何拼寫某種感覺時總說：「不要用拼的，要用感受的。」

話雖如此，拼出或正確讀出「Hygge」還算是小事一椿，解釋Hygge的真諦才是難上加難。Hygge有很多定義，可以是「創造親密感的藝術」、「心靈的舒適」、「沒有煩人的事」，也可以是「享受舒心的事物」、「舒適的同在感」，或是我個人最愛的——「在燭光旁享受熱巧克力」。

Hygge是一種氛圍、一種體驗，但絕不是「一件事情」。Hygge是和喜歡的人在一起、一種家的感覺、一種讓人在世界中找到庇護、可以放下武裝的安全感。Hygge可以是與人暢談生命中的大小事，也可以只是安靜舒適地坐著，享受彼此的同在，或是獨自品味一杯茶。

某一年十二月聖誕節前夕，我和三五好友在一間小木屋共度週末。那是一年中白晝最短的日子，靄靄白雪覆蓋著周圍的景物。約莫下午四點，太陽下山了，接著要再等十七個小時才會重見天日，於是我們便入內生火取暖。

　　大家都走累了，也都很睏。我們在木屋裡的壁爐旁圍成一個半圓，穿著大毛衣和羊毛襪。唯一能聽見的，是沸騰的燉菜聲、壁爐的火花聲，以及啜飲香料酒的聲音。然後一個朋友打破了沉默。

　　「還能比現在更Hygge嗎？」他這麼問。

　　「能。」過了一會兒，有個女孩回道：「若是外頭刮著暴風，就更好了。」

　　眾人點頭表示同意。

幸福的關鍵

━━━━━━━━
━━━━━━━━

我擁有地球上最棒的工作——我研究如何讓人感到幸福。幸福研究機構是一間獨立的智庫（think-tank），致力於研究幸福、快樂和生活品質。在這裡，我們探索人類幸福的因果，並努力改善世界各地居民的生活品質。

幸福研究機構位於丹麥——沒錯，我們的辦公室週一到週五都點著蠟燭；沒錯，當初選擇辦公室地點時，也把llygge納入了考量。不過我們沒有壁爐，還沒有。辦公室之所以選在這裡，是因為丹麥一直都是世界上排名最快樂的國家。丹麥並非完美的理想國，和其他國家一樣，丹麥也面臨自己的挑戰和問題，但是，我相信其他國家一定可以參考丹麥的經驗，思考如何提昇人民的生活品質。

身為地球上最快樂的國家，丹麥一直都是媒體關注的焦點。我每個星期都會被問到：「為什麼丹麥人這麼快樂？」或是「談到幸福，有什麼是我們可以從丹麥人身上學習的？」，這些記者分別來自《紐約時報》、《英國國家廣播公司》、《衛報》、《中國日報》、《華盛頓郵報》等媒體。除此之外，世界各地的城市代表、學者、政策制定者也會到幸福研究機構尋找……幸福——至少是尋找丹麥人高幸福、高快樂指數和高生活品質背後的原因——很多人對此百思不得其解，因為除了嚴峻的氣候外，丹麥的所得稅可說是全球之冠。

有趣的是，丹麥的社會福利制度非常完善──我們知道福利制度可以將人民的共同財產轉變為人民福祉。丹麥人繳的不是稅，而是投資社會、購買生活品質的費用。丹麥人的幸福指數之所以如此高，是因為我們的福利制度可以降低人民的風險、不確定性以及焦慮感，進而預防憂鬱。

　　不過，我最近也發現，丹麥幸福中有一項元素似乎有點被低估了，這元素就是「Hygge」。Hygge一詞源自挪威語，原意為「幸福」。丹麥和挪威原屬同一國家，且長達近五百年，直到一八一四年，丹麥才失去挪威。十九世紀早期，「Hygge」一詞首次出現在書面丹麥語中，這個詞彙和「幸福」、「快樂」意義上的連結也絕非巧合。

　　根據「歐洲社會調查」（European Social Survey），丹麥人是全歐洲最快樂的民族，也是最常與親朋好友相聚、最冷靜平和的一群人，因此也不難理解為什麼大家對Hygge的關注日漸高漲。記者紛紛來到丹麥尋找Hygge、英國有間大學開了一門丹麥Hygge課程；世界各地的Hygge烘焙坊、Hygge商店、Hygge咖啡廳則如雨後春筍般出現。

　　究竟要如何創造Hygge？Hygge和幸福的關聯是什麼？到底什麼是Hygge？這些都是本書會探討的議題。

CHAPTER ONE

———

燈光

Hygge加速器——蠟燭

少了蠟燭，Hygge就不完整了。問問丹麥人Hygge和什麼東西最有關聯，85%的人都會提到蠟燭，這個比例很驚人吧！

「掃興之人」的丹麥文是lyseslukker，直譯為「熄滅蠟燭的人」，這可是其來有自。達到Hygge最快的方法就是點蠟燭，而蠟燭在丹麥文叫做levende lys，直譯為「生活之光」（living lights）。美國駐丹麥大使魯弗斯・吉福德（Rufus Gifford）談到丹麥人對蠟燭的熱愛時說：「嗯，蠟燭不只出現在客廳，丹麥到處都有蠟燭——教室、會議室，到處都是。身為美國人的我常覺得：『要失火啦！怎麼可以在教室裡點火？』不過燭光能帶來情緒上的幸福和舒適感。」

這位美國大使說到了一些關鍵。「歐洲蠟燭協會」（European Candle Association）指出，丹麥的人均蠟燭燃燒量是歐洲之冠。一個丹麥人一年要燒掉約六公斤的蠟燭。用其他東西來比較的話，一個丹麥人一年要吃掉約三公斤的培根（是的，人均培根攝取量是丹麥用來衡量事物的指標）。丹麥的蠟燭使用量打破了歐洲各國的紀錄——蠟燭消耗量第二名的奧地利，每人一年燒掉三・一六公斤的蠟燭，丹麥的量幾乎是其兩倍。不過，香氛蠟燭在丹麥卻流行不起來。事實上，丹麥歷史最悠久的蠟燭製造商Asp-Holmblad的產品線中根本沒有香氛蠟燭。丹麥人認為香氛蠟燭太人工，他們喜歡自然有機的產品。丹麥也是最愛購買有機產品的歐洲國家。

　　丹麥一間大型報社的調查顯示，秋冬季節時，超過半數的丹麥人幾乎每天點蠟燭，只有4%的丹麥人表示從未點過蠟燭。每逢十二月，蠟燭使用量會飆升至平常的三倍。在這個月份，人們會使用一種特殊的蠟燭來倒數聖誕節的來臨。這種蠟燭稱為「聖臨蠟燭」（kalenderlys）。聖臨蠟燭上標有二十四條線，每一條線代表聖誕節前的一日——這種蠟燭是地球上最慢的倒數計時器。

　　另一個使用蠟燭的特殊節日是五月四日「燈光節」（lysfest）。一九四五年五月四日，英國國家廣播公司宣布，一九四○年開始佔據丹麥的德軍已棄械投降。二次世界大戰期間，丹麥和許多其他歐洲國家一樣會刻意停電，避免敵軍的戰鬥機藉由城市照明尋找攻擊目標。今天，丹麥人仍會在五月四日的傍晚，在窗臺上點蠟燭，慶祝重見光明。

雖然蠟燭能創造出Hygge的氛圍，但是對蠟燭的癡狂也會造成一個嚴重的問題：燭灰。研究顯示，就算只燃燒一根蠟燭，空氣中產生的懸浮微粒就比大街上汽機車造成的汙染還要嚴重。

丹麥建築研究所（Danish Building Research Institute）的研究顯示，蠟燭在室內製造的懸浮微粒比香菸和烹飪都還要多。丹麥是個管制嚴謹的國家，但是蠟燭標籤上目前仍無相關警語——沒有人敢驚動Hygge狂熱份子。不過最近丹麥人也開始意識到，燒完蠟燭後最好開窗通風。儘管燭灰對健康有害，丹麥人仍然繼續購買蠟燭，消耗量也相當驚人。

丹麥人點蠟燭的頻率

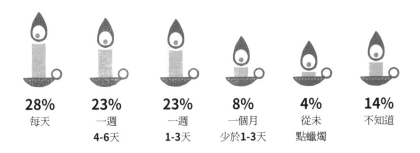

28%
每天

23%
一週
4-6天

23%
一週
1-3天

8%
一個月
少於1-3天

4%
從未
點蠟燭

14%
不知道

一次點幾根蠟燭？

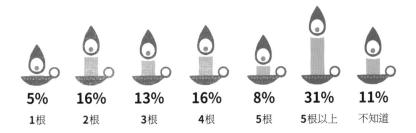

5%
1根

16%
2根

13%
3根

16%
4根

8%
5根

31%
5根以上

11%
不知道

燈具

照明可不是只有燭光那麼簡單。幾乎所有的丹麥人都對燈光相當執著。有一次，我和前女友在羅馬大街走了兩小時的路，就為了找一間有Hygge燈光的餐廳。

　　丹麥人挑選燈具很講究，擺設也須先經過精心規劃，才能打造出紓壓的氛圍。燈光是一門藝術、一門學科，更是一個產業。世界各地許多美麗的燈具都是來自丹麥大師保爾‧漢寧森（Poul Henningsen）、阿納‧雅各布森（Arne Jacobsen）和維納爾‧潘頓（Verner Panton）等人的作品。如果去拜訪經濟拮据的丹麥學生，也很可能在她僅約十坪的公寓中，看到價值一千歐元的經典潘頓燈具。

　　一般來說，Hygge的色溫越低越好。相機閃光燈的色溫約5,500K、日光燈管約5,000K、傳統燈泡約3,000K。太陽下山後，燒木柴的亮光或燭光約為1,800K，這也是最Hygge的色溫。

　　如果想看吸血鬼在大白天被日光燒成灰燼，可以約一群丹麥朋友來家裡，在5,000K的日光燈下享用Hygge晚餐。他們會先瞇著眼看看天花板上掛的到底是什麼可怕的東西，接著，用餐時，會看見他們在椅子上扭來扭去，不自覺地抓抓身體，努力抑制著不由自主的抽動。

丹麥人對於燈光之所以如此執著，是因為丹麥在十月至三月的期間缺乏自然界的天然光源。這幾個月份當中，丹麥唯一的自然資源就只有無止盡的黑暗。丹麥的夏天很美，第一道夏日陽光降臨丹麥時，所有丹麥人都會從冬眠中甦醒過來，在陽光中找到自己的位置。我愛夏天的丹麥，一年當中我最愛的就是夏至。丹麥有綿長的寒冬，夏季時光則非常短，更慘的是，一年當中有一百七十九天都在下雨。喜歡《冰與火之歌》的人，把丹麥想成「臨冬城」（Winterfell）就對了。

這就是丹麥人如此講究Hygge，Hygge甚至成為國家認同、文化的部分原因。Hygge是寒冬、雨日及厚重黑暗的解藥。雖說一整年都可以享受Hygge，但是在冬天，Hygge不僅是生活必備元素，更是生存下去的動力。這就是為什麼丹麥人都信奉Hygge，也常把Hygge掛在嘴邊討論……超常！

我在哥本哈根有間公寓，公寓內我最喜歡的位置就是廚房用餐區的窗臺。這個窗臺很寬，可以整個人舒服地坐在上面，我還在窗臺放了枕頭和毛毯，打造出完美的Hyggekrog（見42頁的Hygge辭典）。窗臺下方有個暖爐，在寒冷的冬夜窩在這裡享用熱茶真是完美。這個窗臺最讓我癡情的地方是──隔著中庭對面的公寓。那裡總是亮著琥珀色的溫暖燈光，不管住戶是外出還是返家，都能創造出瞬息萬變的馬賽克燈景。有這樣的景色都要感謝保爾·漢寧森──丹麥燈光美、氣氛佳的住宅通常都掛著他的燈具，丹麥人簡稱這位建築師/設計師為「PH」。

漢寧森之於燈具，就如愛迪生之於燈泡。漢寧森和今日多數丹麥人一樣，對燈光相當著迷。有些人稱他為史上第一位燈光建築師，因為他畢生致力研究燈光對幸福的重要性，並努力研發出有照明功能卻又不刺眼的燈具。

漢寧森生於一八九四年，成長的環境沒有電燈，只有色溫溫暖的油燈──這些油燈而後成為他的靈感來源。漢寧森的設計重塑並提昇了電燈的功能，同時也保留了油燈柔和的光線。

要點亮一間房間不需要花什麼錢，卻很講究文化素養。我從十八歲開始玩燈光時，就一直在尋找一種和諧的照明方式。人都像孩子，一拿到新玩具就把文化素養拋諸腦後，然後開始失控了──電燈容易讓人過度沈溺於燈光。

夜晚時分，坐在電纜車上層，往路邊的一樓住宅內瞧，你會發現每戶人家的照明都很可怕，還可能讓你直打哆嗦。傢俱、風格、地毯──比起燈光的位置，這些元素都不重要。

保爾‧漢寧森（1894—1967），《論燈光》（On Light）

丹麥經典燈具

1　PH燈

　　漢寧森在閣樓裡研究燈光長達十年後，於一九二五年發表了史上第一盞PH燈。透過層層燈罩，這款燈具創造出均勻柔和的光線，其中的燈泡還被隱藏起來了。此外，為了把刺眼的白光轉化成偏紅的色溫，漢寧森把最內層的燈罩設計成紅色。漢寧森最成功的作品，則是發表於一九五八年的PH5（使用金屬燈罩）。PH燈具現在已有超過一千種不同的款式，許多已經停產，某些稀有款在拍賣中更可高達兩萬英鎊。

② LE KLINT

　一九四三年，Klint家族開始製造有摺疊燈罩的燈具。其實早在四十年前，丹麥建築師彼得‧威廉‧延森-克林特（Peder Vilhelm Jensen-Klint）已有類似的概念了。他當時設計了一款油燈自用，還需要一個燈罩，因而研發出燈罩的概念。此後，這款燈具成了家族事業──克林特的後代子孫應用設計的技巧和創新技術，持續經營。

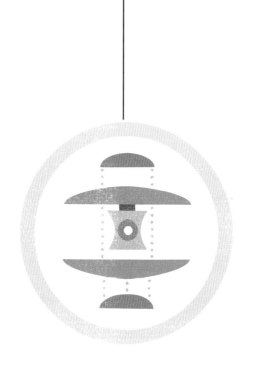

③ 潘頓VP球形吊燈

　　潘頓VP的球形吊燈，從內部的圓形邊緣散發出能鎮定人心的柔和光源。一九六九年，丹麥設計界直白敢言的維納爾·潘頓設計出這款吊燈。潘頓喜歡用塑膠或金屬類的現代材質製造燈具，他還曾在丹麥皇家藝術學院（Royal Danish Academy of Fine Arts）攻讀建築、設計與維護——此學校的建築學院是學界指標，現今還設有「燈光實驗室」，專門研究自然光和人工光源。

燈光的黃金時刻

有個行業的人應該和丹麥人一樣，對燈光同等執著——攝影師。攝影就是用光作畫，如此一來，也可以幫助我們了解光，提昇我們感知光、欣賞光的能力。

　　這大概就是我熱愛攝影的原因，過去十年來，我拍了無數張的照片，最喜歡的光源是攝影界裡說的「黃金時刻」。黃金時刻大約是日出後一小時和日落前的一小時。太陽在天空中的位置較低時，陽光必須穿越較厚的大氣層，這時就會創造出溫暖、柔和、暈散的光線。黃金時刻又稱「魔幻時刻」，每個在這個時段曾被我用相機捕捉下的女人，我都有那麼1/250秒，對她們動了真感情。如果想在室內創造Hygge光感，就必須重現黃金時刻的光線。這種有襯托作用的光源，可以讓你和朋友看起來彷彿「置身仙洞」般美麗，比任何Instagram濾鏡都好用。

HYGGE TIP：如何製造Hygge光源？

你想的沒錯，拿出蠟燭吧！但記得要保持室內通風，或者也可以考慮策略性地使用電燈。與其在天花板正中央掛一個大燈，不妨在屋裡放幾盞小燈，更有Hygge的氛圍。如此一來，你也可以在屋內創造出幾個「光的洞穴」。

CHAPTER TWO

我們來談談HYGGE

來聊聊丹麥語

形容丹麥語有許多方法，但很少人會用「美麗的語言」來形容它。在Google輸入「丹麥語聽起來像……」會跳出「德語」還有「馬鈴薯」。對外國人來說，丹麥語聽起來就像嘴裡含著一顆熱騰騰的馬鈴薯，然後還要一邊說德語一樣。

老實說，還有人認為丹麥語聽起來像生重病的海豹被噎到。不過不管聽起來如何，丹麥語確實能精確形容Hygge。

Hygge有動詞型也有形容詞型——我們可以用Hyggelig(t)（形容詞，很Hygge的意思）來形容事物：真是間Hyggelig的客廳！見到你真是Hyggeligt！祝你有個Hyggelig的時光！

丹麥人一天到晚把Hygge掛在嘴邊，外國人可能會覺得我們得了某種良性的妥瑞氏症。每件事物都必須用Hygge來衡量，沒有例外。我們不只討論當下的Hygge，也會提起即將到來的Hygge週五晚間小聚；到了週一，大家也會互相提醒上週五的Hygge時光。

丹麥社交活動的關鍵績效指標就是Hygge。「親愛的，你覺得我們的客人Hyggede了嗎？」（這裡是用的是過去式動詞型態，不會讀也沒關係）。

HYGGE

HOO

GA

每隔幾週我都會和幾個男性朋友聚在一起打撲克牌。這群牌友來自四面八方，有墨西哥人、美國人、土耳其人、法國人、英國人、印度人和丹麥人。這幾年來，我們天南地北什麼都聊，話題從女人到如何增加柳橙大砲的射程，應有盡有。因為大家來自不同的背景，所以總是用英語聊天，不過牌桌上一定會出現一個丹麥詞，你知道的。墨西哥人丹尼總在輸個精光時說：「沒關係，我只是來感受Hygge的。」

Hygge不只是社交活動的關鍵績效指標，也是咖啡廳、餐廳的賣點。用丹麥文搜尋「漂亮餐廳」，Google會列出七千條搜尋結果；搜尋「高級餐廳」，會有九千六百條搜尋結果；「便宜餐廳」有三萬六百條；「Hygge餐廳」則有八萬八千九百條。

Hygge可以翻譯嗎？

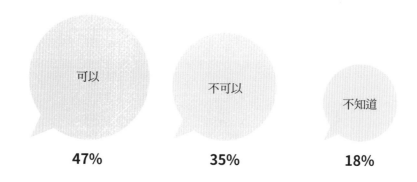

可以　47%

不可以　35%

不知道　18%

孤獨星球寫道：「丹麥人非常講究舒適，人人都是，就連穿皮衣騎重機的鐵漢推薦的酒吧也都很講究『Hygge』。」

也就是說，你在行銷課上學的一切都是假的。我才不管什麼價格、產品、通路、促銷，Hygge最重要。我住在哥本哈根，這裡到處都是咖啡廳，我的公寓對面就有一間，他們的咖啡超級噁心，喝起來有魚腥味（真的，我也嚇到了），而且一杯要價五歐元。但我有時候還是會去，因為店裡有壁爐——很Hygge。

壁爐當然不是丹麥特產，其他像是蠟燭、和朋友窩在一起、縮著身子喝杯茶、暴雨之夜的毛毯等……也都不是只有丹麥才有。不過，丹麥人卻堅持Hygge是丹麥特有的文化。三分之一的丹麥人不認為Hygge可以翻譯成其他語言，也堅信只有丹麥有Hygge。

只有丹麥從事Hygge活動嗎？

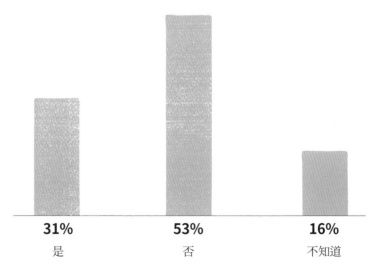

31%	**53%**	**16%**
是	否	不知道

資料來源：幸福研究機構

我不同意這個說法。不是只有丹麥人才有Hygge文化，也不是只有丹麥人才能定義Hygge，其他語言也有類似的詞彙——荷蘭人說「gezelligheid」；德國人有「Gemütlichkeit」（被美食和摯友環繞的幸福感）；加拿大人則說「hominess」。雖然除了丹麥語外，還有其他許多語言能以形容詞形容「Hygge」，卻只有丹麥人把「Hygge」當成動詞用，像是：「晚上要不要一起Hygge一下？」滿特別的吧！

丹麥對於Hygge的另外一項特殊情結是——我們常常把它掛在嘴邊、高度重視它，並認為Hygge是丹麥文化認同中不可或缺的元素，也是民族基因的一部分。換句話說，Hygge之於丹麥人就像自由之於美國人、嚴謹之於德國人，以及正經八百之於英國人。

正因為Hygge對丹麥文化和民族認同如此重要，丹麥語中便有非常豐富的語彙來表達Hygge。

丹麥文會出現很長的複合詞，例如：speciallægepraksisplanlægningsstabiliseringsperiode。這一大串字確實存在，代表specialty-doctor-practice-planning-stabilizing-period，意為「專科醫生執業規劃穩定期」。這個詞一共有五十一個字母，玩Scrabble拼字遊戲的時候是致勝關鍵。

Hygge也一樣，幾乎可以連著所有的丹麥字詞搭配使用。你可能是個Hyggespreder（散佈Hygge的人）；週五晚上是familiehygge（家庭Hygge）時間；襪子上也可能標著Hyggesokker（Hygge襪）。幸福研究機構辦公室有一個標示寫著：

「如果覺得雙腳冰冷，歡迎自由取用Hyggesokker。」

Hygge在其他語言的對應字

莎士比亞在著名劇作《羅密歐與茱麗葉》中寫道：「名稱又如何？玫瑰不叫玫瑰，還是一樣的芳香。」我覺得套在Hygge上也適用。

　　不是只有丹麥人有特權可以在親朋好友的陪伴下，坐在壁爐前啜飲香料酒，享受當下的氣氛、舒適和愉悅。

　　用英文的「cosiness」來翻譯Hygge不是很準確，因為中間很多層重要的意義都消失了，但是，我們仍可以在世界各地找到類似Hygge的概念詞。

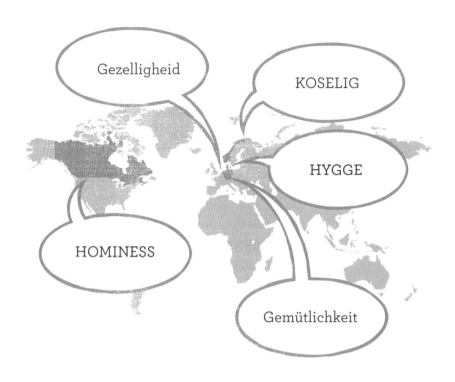

荷蘭：GEZELLIGHEID

字典將gezelligheid解釋為舒適、有特色、美好的事物，但是這個字在荷語中的意思還包含更多面向。

如果想快速博取荷蘭人的好感，可以參考歐巴馬總統二〇一四年訪問荷蘭時的演講：「我聽說荷語中有個特別的詞，沒有對應的英語辭彙可以準確表達其精髓，且容我這麼說，我第一次造訪荷蘭就覺得很gezellig（gezelligheid的形容詞）。」

荷蘭人在很多場合中都會用到gezellig這個形容詞，舉例來說：在一間gezellig的咖啡廳喝杯咖啡（可能有溫馨的室內裝潢、閃爍的燭光，還有在一旁睡覺的貓）。在只賣經典老牌啤酒的gezellig酒吧躲傾盆大雨，可說是最純粹的gezelligheid。坐在了無生氣的牙科候診室則一點也不gezellig，除非有個很gezellig的朋友陪你。是不是開始發現gezellig和Hygge的相似之處了呢？

雖然gezelligheid和Hygge很相似，但也有不同之處。Gezelligheid通常比較重視社交活動。為了證實此說，我們對荷蘭人做了一個小測驗，測驗結果似乎也和此說法一致。

在大多數的測驗指標上，丹麥人Hygge體驗和荷蘭人的gezelligheid體驗是一致的。這兩個概念在兩種文化中都是一個重要的指標，其中，蠟燭、壁爐、聖誕節也都是重要元素。然而我們搜集到的數據也顯示，gezelligheid比較偏向戶外活動。多數的荷蘭人（57%）認為，要體驗gezelligheid通常需要走出家門，而僅有27%的丹麥人認為外出是最Hygge的一件事。此外，62%的荷蘭人認為夏天是最gezelligheid的季節；丹麥人則認為秋天比較Hygge。

挪威：KOSELIG

在挪威，理想中的每件事情都必須要很koselig。不過這裡要再次強調，別把這個詞跟「cosiness」混為一談（挪威人很堅持）。

Koselig是一種極致的溫暖、親密和同在感──完美的koselig之夜應該要有美食、溫暖的色調、三五好友、壁爐以及幾根蠟燭。

加拿大：HOMINESS

加拿大用Hominess來形容遠離塵囂的狀態。Hominess帶有社群、溫暖、同在的意涵，同時也可以用來表示與「家」或「家的感覺」有關的事物。「Hominess」同時帶有實質和抽象意涵：一個物品如果夠原創、夠「真」，就可以用homey（Hominess的形容詞）形容；如果可以讓人覺得受到保護、有安全感，與外界隔離，也可以用homey形容。所以，就如同Hygge，Hominess意味著真實、溫暖和同在感。

德國：GEMÜTLICHKEIT

德國人用gemütlichkeit一詞表示溫暖、友善和歸屬感，這個詞通常也用來形容德國露天啤酒座的氛圍。參加慕尼黑啤酒節時，還能聽到一首名叫《Ein Prost der Gemütlichkeit》（向舒適感致敬）的曲子。

最Hyggelig/gezellig的季節是？

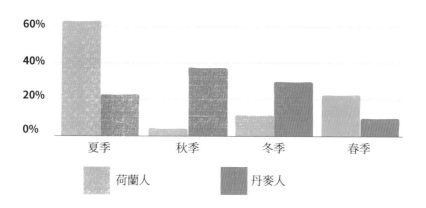

每個人都可以享受Hygge

上述詞彙不僅顯示丹麥人以外的族群也可以體驗Hygge，同時也告訴我們，他們早就在體驗Hygge了。

　　儘管各國對於這些詞彙的定義不盡相同，但重要的是，它們都有一個共同的特徵——這些詞彙蘊含的概念都是「舒適」、「溫暖」、「同在感」等三種感覺的複雜、進階版本。這些詞彙描述了各種不同的活動和環境，進而創造出類似的感覺，其他語言中也有相對應的概念。

　　丹麥的hygge和荷蘭的gezelligheid又比其他語言的相關詞彙特殊，因為在日常對話、生活中會一直反覆出現。你可能會問，那又怎樣呢？我很難用一個簡單的答案來回答這個問題，但值得一提的是，根據歐洲社會調查研究，丹麥和荷蘭是歐洲國家中，最少有人無法享受人生、無法冷靜、無法放鬆的國家。此外，聯合國委外製作的官方幸福量表中，這兩個國家也名列前茅。

　　名稱又如何呢？一方面來說，這些名詞本身並沒有價值——「Hygge」的作用和「Hominess」、「Gezelligheid」沒有兩樣。但另一方面來說，我們用這些名詞捕捉舒適、溫暖和同在感的精髓，把這些感覺形塑成更具體的概念，發展成一種可以代表特定文化的現象。

為什麼不同語言有不同的用字？

一個芬蘭人和一個外國人走在芬蘭森林裡。
芬蘭人：你後面有一個Tokka！
外國人：有一個什麼？（啪！）
芬蘭人：Tokka！（啪！）

　　我不確定芬蘭人會不會覺得這段對話好笑，但就英文的角度來看是還滿有趣的，因為「一個Tokka」的意思是「一個一大群馴鹿」。在大多數語言中，特別創一個詞來區分一大群馴鹿和一匹馴鹿很沒意義，但是在芬蘭語當中顯然不是這樣。

　　語言反映我們所處的世界。我們會替眼睛所見的東西——重要的東西——取名字。這早已不是新鮮事了，早在一八八○年代，人類學家法蘭茲・鮑亞士（Franz Boas）在研究北加拿大的因紐特人*時，就深深為因紐特語著迷。因紐特語有一個字是aqilokoq，用來形容「輕輕飄下的雪」，還有一個字是piegnartoq，形容適合用來滑雪橇的雪。

　　緊接著這些發現之後，沙皮爾-沃爾夫（Sapir-Whorf）便提出語言相對假設，他認為一個文化的語言不但影響該文化中人們對於世界的感受，也會影響人們在其中的行為。如果沒有「愛」這個字，我們仍能感受到愛嗎？當然可以。但是如果沒有「婚姻」這個詞，世界會變得怎麼樣呢？我們的用詞和語言建構了對未來的期望和理想——而我們對未來的理想，則建構了我們今日的行為。

區分新降下來的雪和「老雪」，突顯了因紐特人和歐洲人的不同之處——歐洲人對待各種雪的方式大概都差不多——這反映了因紐特人的特殊需要，他們需要區分不同形式的雪，而語言就是區分的工具。

有一派說法認為，人類之所以發展出這些特殊、無法翻譯的字彙，是因為我們都隸屬於某個特定的文化，擁有自己的傳統以及特殊的行為模式，於是需要字彙來描述這些東西。不論我們指著一隻狗說「Dog」、「Perro」或「Hund」，狗牽到英國、瓜地馬拉還是丹麥，都還是狗。同時，也有許多字詞無法翻譯，雖然其中有些單字還算好解釋，舉例來說，「一大群馴鹿」短短幾個字，就能解釋「Tokka」。

抽象概念的字彙就比較複雜，也更難以解釋或翻譯。身為一個幸福研究者，我常常遇到這個挑戰。Hygge這個概念也是這樣。本書中我會試著點出一些Hygge的事物、經驗、時刻，讓讀者可以更確切了解Hygge的精髓。

*因紐特人（Inuit）：美洲原住民之一，分布於北極圈周圍，包括加拿大魁北克、西北地區、育空地區等地。

各地特有的特殊字彙或片語

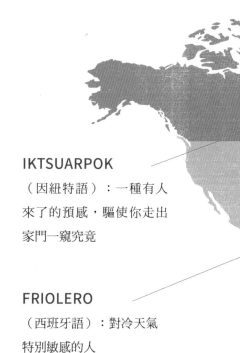

IKTSUARPOK

（因紐特語）：一種有人
來了的預感，驅使你走出
家門一窺究竟

FRIOLERO

（西班牙語）：對冷天氣
特別敏感的人

CAFUNÉ

（巴西葡萄牙語）：輕輕用手
指撫過愛人頭髮的動作

HANYAUKU

（納米比亞Rukwangali語）：
在溫暖的沙灘上踮著腳走路

BUSAT

（北斯堪地那維亞薩米語）：
只有一顆巨大睪丸的公馴鹿

UTEPILS

（挪威語）：在晴朗的天氣
中，坐在戶外享用啤酒

TSUNDOKU

（日語）：不停買書
卻不閱讀的行為

SCHILDERWALD

（德語）：路牌過多的街
道（導致最後還是迷路）

RIRE DANS SA BARBE

（法語）：安靜地「在鬍子
裡偷笑」，一邊想著以前發
生的事

GATTARA

（義大利語）：把一生
都獻給流浪貓的老女人

HYGGE小辭典

我們的用語建構我們的行為。以下這些新詞彙可以幫助你過得更Hygge。

Fredagshygge/Søndagshygge [Fredashooga/Sundashooga]

週五或週日晚上的Hygge。經過了疲憊的一週，Fredagshygge通常就是家人一起窩在沙發上看電視。Søndagshygge是慢活日，來杯茶、讀本書、聽音樂，蓋著毛毯，如果覺得太過煩躁，也可以去散步。

> 「在家中，Fredagshygge通常就是吃糖果、看迪士尼電影。」

Hyggebukser [hoogabucksr]

不敢穿出門的那一條褲子，超級舒服，是你私底下最喜歡的一條褲。

> 「她需要獨處一天，於是待在家，穿著她的Hyggebukser，素顏，看一整天的電視。」

Hyggehjørnet [hoogajornet]

想要Hygge的情緒，直譯為「Hygge角落」。

> 「我正在Hyggehjørnet裡。」

Hyggekrog [hoogacrow]

廚房或客廳中，可以坐下享受Hygge時光的一角。

> 「我們去坐在Hyggekrog吧。」

Hyggeonkel [hoogaunkel]

和小孩子玩在一起，可能稍微有點太寵小孩的人，直譯為「Hygge叔叔」。

> 「他真是個Hyggeonkel。」

Hyggesnak [hoogasnak]

不觸碰到敏感議題的瞎扯或閒聊。

> 「我們hyggesnakkede（動詞型）了好幾個小時。」

Hyggestund [hoogastun]

Hygge時光。

> 「他給自己倒了杯咖啡，坐在窗臺上，享受Hyggestund。」

Uhyggeligt [uh-hoogalit]

Hygge很難譯成英文，但是Hygge的反義詞就比較容易。Uhyggeligt（Hygge的反義形容詞）意為「嚇人」或「可怕」，由此可見安全感是Hygge一個很重要的關鍵。

> 「晚上獨自走在森林裡，還能聽見狼嚎，非常的Uhyggeligt。」

　　那天在瑞典的小木屋中，我朋友說要是當晚外頭颳著暴風雨，就更Hygge了。我想，如果能在控制範圍內加入一些Uhygge危險感，例如暴風雨、打雷或恐怖片，那麼Hygge效果應該可以加乘。

Hygge的起源

一八○○年代早期，Hygge首次出現在書面丹麥文中，不過這個字其實源自挪威語。

一三九七至一八一四年間，丹麥和挪威本是一個國家。今天，丹麥人和挪威人仍能聽懂彼此的語言。

Hygge的在挪威語本為「幸福」（well-being），而「Hygge」一詞由「hug」演變而來。「Hug」則是一五六○年代「Hugge」（擁抱）一詞之衍伸。「Hugge」的起源不明，可能來自於古諾爾斯語*的「Hygga」（意：安慰），「Hygga」源於「Hugr」（心情）。「Hugr」又源自日耳曼語系的「Hugjan」，與古英語中的「Hycgan」（思考、考慮）也有關連。有趣的是，「體恤」、「心情」、「安慰」、「擁抱」和「幸福」等詞彙，都可以用來解釋今天的Hygge。

*古諾爾斯語（Old Norse）：由於地理位置與歷史因素，也稱作古北歐語、古堪地納維亞語、古冰島語、古挪威語。古諾爾斯語是日耳曼語族的一個分支。

HYGGE TIP：使用丹麥語

你可以開始使用丹麥語中跟Hygge有關的各種複合詞。邀請朋友來個Hygge之夜，大家一起開始瘋狂造詞吧！你也可以在冰箱上貼一些Hygge宣言，提醒自己天天Hygge。

世界各地都在討論Hygge

Hygge似乎是當紅議題。

　　英國《每日電訊報》（The Telegraph）：「放鬆舒適：擁抱丹麥『Hygge』藝術的理由」；倫敦莫利學院（Morley College）開課教授「如何Hygge？」；美國洛杉磯的Hygge烘焙坊有丹麥甜點球（rom-kugler [rum-cool-r]）以及各種蘭姆酒巧克力甜點，這些甜品是丹麥烘焙師為了用掉甜點剩料發明出來的。《丹麥式育兒》（The Danish Way of Parenting）一書中，也有許多篇章提到如何用Hygge哲學養育出世界上最快樂的孩子。

Hygge宣言

1. 氣氛

把燈光調暗。

2. 當下

享受當下，關掉手機。

3. 享受

咖啡、巧克力、餅乾、蛋糕、
糖果。給我，給我！

4. 平等

「我們」大於「我」。
一起做事、一起看電視。

5.感 恩

心存感激，

沒有比這更好的事了。

6.和 諧

不要拼輸贏，我們已經很喜歡

你了，不需要歌功頌德。

7.舒 適

讓自己舒服，休息一下，

放鬆最重要！

8.停 戰

不要東爭西吵，

今天不談政治。

9.同 在

建立感情，回憶過去。

「記不記得那天我們……？」

10.安 全

這是你的國度。

寧靜又安詳。

CHAPTER THREE

———

同在感

Hygge：就像一個沒有肢體接觸的擁抱

我和朋友每年都會到阿爾卑斯山滑雪（上次還有人帶了蠟燭）。我們都很享受滑雪的速度、刺激和奔馳感，也喜歡在斜坡上使勁滑。但是對我而言，滑雪之旅最棒的還是回到木屋後的那個小時。

你的雙腳酸痛、身體疲憊，接著你在陽臺上找到一張椅子坐了下來，清楚聽見倒出柑曼怡*的聲音，你知道咖啡煮好了。其他人也紛紛來到陽臺上，大家都還穿著滑雪裝，累得不想更衣、不想說話、不想做任何事情，只想享受彼此無聲的同在、欣賞美景、呼吸山裡的新鮮空氣。

在上幸福研究課時，我會要求學生閉上眼睛，回想上一次感到非常幸福的時候。有些學生會有點緊張，但我保證絕對不會要他們在班上公開分享。你可以很快地發現哪些人已經想到了快樂的回憶，因為他們臉上和諧的笑容點亮了整間教室。我問問大家，回憶中有其他人出現嗎？通常會有九成的學生舉手。

當然，這個統計不符合科學方法，所以不代表什麼，但是這可以幫助學生把我接下來要講的枯燥數據和切身回憶聯結在一起。我要他們記住這感覺，因為我在幸福研究工作中發現，「社群人際關係」是幸福感最重要的預測指標，錯不了。當我在探討為什麼有些人總是比較快樂時，社群人際關係一直都是最明顯、最常見的指標。

問題是，要如何形塑我們的社群、如何形塑我們的生活，才能使人際關係蓬勃發展？其中一個答案就是，要在工作和生活之間取得一個健康的平衡。凱西‧史創門（Cathy Strongman）在《衛報》寫道：「上週讀到丹麥人在聯合國世界幸福報告中奪冠，我一點也不詫異。」史創門三年前和她的丈夫、孩子從倫敦的芬斯伯里公園（Finsbury Park）搬到了哥本哈根。

*柑曼怡（Grand Marnier）：是一款香橙力嬌酒，苦橙皮蒸餾後混合干邑釀製而成。

我們的生活品質瞬間飆漲，以前的「倫敦忠誠情結」也已不復見，取而代之的是對所有丹麥事物的無比狂熱，痴狂程度說起來都令人有點害臊。最大的改變就是工作與生活間的平衡。以前鄧肯要到晚上九點才能溜出辦公室，他下班後我們就隨便吃點晚飯，但現在他五點就下班了。若是加班，五點半的辦公室也早已像停屍間一樣冷冷清清。週末加班？丹麥人會覺得你是神經病。丹麥哲學是──晚上是家人相處、共進晚餐的時間，每天都必須如此。這對家庭生活很好。現在，鄧肯幾乎每天晚上洗完澡後，都會哄我們十四個月大的女兒麗芙上床睡覺。他們是最好的朋友，不是每逢週末才聯繫感情的陌生人。

凱西・史創門，《衛報》

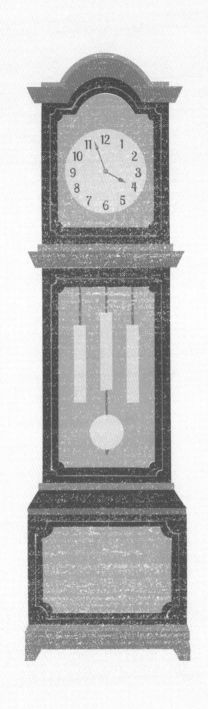

有人說丹麥辦公室很像摩登原始人開場的場景。下午五點，你都還來不及說「呀吧搭吧嘟！」，辦公室早就人去樓空。有孩子的員工通常四點下班，其他人則是五點。一下班，大家就會回家煮晚飯。如果團隊中有人有孩子，身為管理階層的我就會避免下午四點之後開會，這樣他們接小孩才不會遲到。

60%的歐洲人每週至少會和親朋好友或同事相聚一次，在丹麥這個比例則是78%。當然你也可以獨享Hygge，不過Hygge通常是一小群親朋好友相聚的時光。

Hygge的場合也充滿著不矯情的體貼，沒有人是主角，也不會有某一個人一直唱獨角戲。平等是Hygge的重要元素——也是丹麥文化中很重要的特色——在Hygge聚會中，每個人都會幫忙做事，這就是平等的具體表現。比起讓主人一個人在廚房忙，大家一起做飯更Hygge。

與親友共處的時光可以創造出溫暖、放鬆、友善、樸實、親密、舒適、舒心和令人愉快的大氛圍。從很多面向來看，Hygge就像是一個大大的擁抱，只差沒有實際觸碰到身體而已。在這樣的環境裡，你可以徹底放鬆、完全做自己。Hygge這門藝術同時也讓我們學著擴大自己的舒適圈，讓別人走進來。

愛與Hygge的關係

有人把手放在你的肩上，給你一個吻，或輕撫你的臉頰，你馬上就能感到平靜、幸福。這是人類身體的自然反應，相當美好。觸摸會讓身體釋放一種神經荷爾蒙──催產素（Oxytocin），讓我們感覺快樂、減低壓力、恐懼和痛苦。

　　但是我們什麼時候能感受到催產素在身體裡竄流呢？有一個普遍的說法是，擁抱可以帶來幸福感。此話不假。在親暱的環境中，身體會釋放催產素，幫助我們專注在彼此身上。所以有人稱催產素為「擁抱荷爾蒙」或「愛情荷爾蒙」。Hygge是親暱的活動，與舒適的環境、他人陪伴有關，所以可以依此推論，人在Hygge的氛圍中會釋放催產素。抱抱寵物跟擁抱其他人可以達到相同的效果──感覺被愛、感覺溫暖、感覺安全，這也是Hygge的三個重要元素。當我們的身體靠近另一個人的身體時，就會釋放催產素，所以催產素可說是「社群膠水」，因為它藉著合作、信任和愛，把社群中的個體黏在一起。這也許就是為什麼丹麥人非常容易信任陌生人，因為丹麥人時常從事Hygge活動，這些活動可以釋放催產素，降低仇恨、增加社群連結。另外，「溫暖」和「完全」的感覺也能刺激催產素的釋放。Hygge活動不外乎美食、蠟燭、壁爐和毛毯──從這些元素來看，Hygge和催產素的確息息相關。

　　但是真的這麼簡單嗎？我想既然每個跟Hygge有關的元素都能讓我們感到幸福、平靜、安全，那這應該絕非巧合。

在一起，更快樂

與人相處是Hygge不可或缺的一環，但是身為幸福研究者，我還要告訴你們，與人相處可能也是幸福最重要的關鍵。眾多幸福研究者都一致認同：社會關係對人類的幸福相當重要。

聯合國委製的世界幸福報告指出：「滿足基本生活需求才能感到幸福，而當這些需求都被滿足時，比起收入，人與人之間的關係才是幸福的決定關鍵。」

人際關係非常重要，甚至有學者曾試圖用金錢來衡量。英國在二〇〇八年的研究《替友情、親情以及鄰居標價：用生活滿意度調查來定義社群人際關係之價值》（Putting a Price Tag on Friends, Relatives and Neighbours: Using Surveys of Life Satisfaction to Value Social Relationships）指出，增加社群參與度可能會提昇生活滿意度，提昇的幅度一年約等於八萬五千英鎊。

我不斷在丹麥和世界各地的數據和調查中，看到人際關係和幸福感的聯結。其中一個例子，是幸福研究機構幾年前在哥本哈根外一個小漁村德拉爾（Dragør）做的調查。

我們和市議會合作，研究市民的幸福程度和生活滿意度，然後共同擬出提高生活品質的可行方法。在此研究中，我們調查市民對個人社群人際關係的滿意度，以及他們的整體幸福感。我們在研究結果中發現，這兩者有很高的關聯性，並得出與以前研究結果一致的答案。人們對社群人際關係越滿足，整體而言就越幸福。如前所言，人際關係是幸福與否最關鍵的預測指標。如果無法具體問人們感到多幸福，我會問他們對自己的人際關係是否感到滿意，如此便可以得到解答。

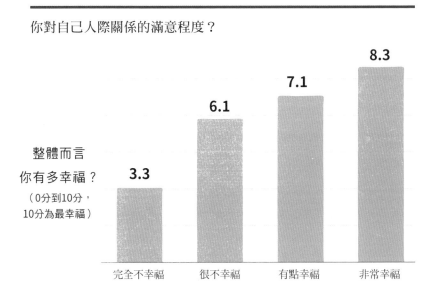

你對自己人際關係的滿意程度？

8.3

7.1

6.1

整體而言
你有多幸福？
（0分到10分，
10分為最幸福）

3.3

完全不幸福　　很不幸福　　有點幸福　　非常幸福

　　人際關係的整體滿意度是一回事，每天有好友陪伴帶來的快樂又是另一回事。諾貝爾心理學家丹尼爾·康納曼（Daniel Kahneman）的「每日生活重建法」（Day Reconstruction Method）也許可以解釋Hygge所帶來的影響。這個研究請受試者過著跟平常一樣的一日生活，然後針對一系列的活動做評估，看這些活動給他們帶來的快樂程度，或是討厭、沮喪程度有多高。

　　二○○四年，「每日生活重建法」成了權威研究方法，康納曼博士率領普林斯頓的研究團隊，針對德州九百○九位女性進行實驗——這些女性在生活重建日的隔天，必須寫下完整的日記，並且填寫一份七分量表，仔細列出前一天做的所有事情——什麼時間做了什麼事？和誰一起？每項活動帶來的感受如何？研究結果也許不那麼令人意外，因為研究團隊發現，通勤上班、做家事和面對上司都屬於令人不開心的活動；性愛、社交、飲食和放鬆則是最令人開心的活動。當然，社交、飲食和放鬆都是Hygge的主要元素。

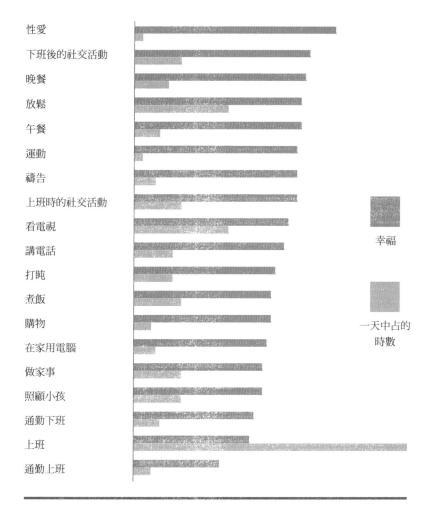

幸福

一天中占的
時數

資料來源：「每日生活重建法」，丹尼爾‧康納曼，2004年

　　根據「歸屬感假說」，和他人建立關係、發展親密感、彼此關心是人類的基本需求，與我們的動機和行為也有很大的關聯。從這項學說中，我們發現世界各地的人與生俱來就有能力、動力會想要與人建立親密的關係，這種關係一旦建立起來，我們就不願意去破壞。已婚或同居的人也比單身者更長壽（雖然同居長壽的部分原因是因為免疫系統增強）。

「人際關係影響幸福指數——真的？謝謝喔，幸福研究機構！」身為一個學者，花了好幾年用科學方法尋找某些人過得比較幸福的原因，最後的研究結果竟然是眾所皆知的答案。但不論如何，至少我們現在有了相關數據和資料，研究結果也可以證實假說，所以就應該要好好利用這些資料來制定相關政策、形塑社群、建構生活。

　人類是需要社交的動物，若比較一個人的人際關係滿意度和他的整體生活滿意度，就不難看見社交的重要性。社群中最重要的關係便是親密的人際關係，在這種關係中，你可以和他人一同經歷事物，可以經歷被了解的感覺、可以分享想法和情緒、可以給予並接受鼓勵。以一言蔽之，就是Hygge。

　這可能就是為什麼丹麥人覺得Hygge時光只能有一小群朋友。當然，很多人聚在一起也可以享受Hygge，但是丹麥人寧可只有三五好友。將近60%的丹麥人認為，最Hygge的人數為三至四人。

多少人在一起才能Hygge？

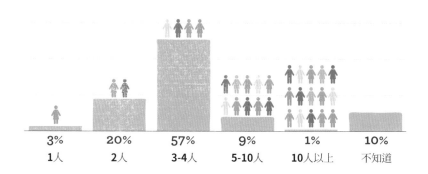

| 3% | 20% | 57% | 9% | 1% | 10% |
| 1人 | 2人 | 3-4人 | 5-10人 | 10人以上 | 不知道 |

Hygge黑暗面

和小團體中的朋友小聚,一起憶當年、了解彼此,對Hygge很有幫助。

但是在近幾年中,我也漸漸發現這種社交結構有一個嚴重的問題:排外。我身邊所有從外地搬來丹麥的朋友也都這麼說。要打入丹麥的社交小圈圈,幾乎是不可能的任務。至少要花上好幾年的努力和堅持才能做到。

沒錯,丹麥人不擅長邀請新朋友加入自己的小圈子,其中一個原因就是Hygge。聚會中有太多新朋友就不Hygge了。要打進小圈圈需要非常努力,這也是個孤獨的過程,但往好的一面想,像我朋友約翰說的一樣:「一旦進來,就出不去了。」打進了小圈圈,你就找到了一生的摯友。

內向人的社交活動

━━━━━━

我在為了撰寫這本書做相關研究時，替一群來哥本哈根交換一學期的美國學生上了堂課。我常利用授課的機會蒐集研究資料、找尋靈感，那次也不例外，我讓學生討論幸福和Hygge之間的關係。

有位女學生在其他討論中都很安靜，此時卻舉起了手。「我很內向，」她說，「我覺得Hygge很棒。」她的意思是，她在美國必須參加大群體的社交活動，需要快速建立人際關係，追求快速的興奮感。簡言之，她活在外向的社交環境中。她發現丹麥的社交活動更適合她──Hygge完全是為內向人量身訂做的活動。對內向的人來說，Hygge可以幫助他們社交，又不會搞得身心俱疲。這是我當時聽到關於Hygge最發人省思的一段話了。我答應這位學生，一定會把她的看法偷來放進書裡。

大家都知道，內向的人從內在尋找能量，外向的人則從外部刺激得到能量。內向的人通常被認為是孤僻的人，如果你想要玩得開心，便會去找一群外向的人一起玩。內向常被誤以為就是害羞。雖然不是每個人都喜歡社交場合，內向的人在社交時也可能會因為接受太多外部刺激而感到疲憊不堪，但是，的確有些內向的人是需要社交活動的（就像有些外向的人其實很冷靜）。

這聽起來可能很老套，但是內向的人通常喜歡把自己的「社交時間」留給親密的熟人，一起聊些深度話題，或坐在一起讀本書，喝杯熱飲。這是不是聽起來很Hygge呢？不錯吧？內向的人也會社交，只是形式不同。社交的方式有很多種，我們可能會覺得有些好、有些不好。內向的人雖然無法承受太多外部刺激，但這不代表他們不想和他人相處。Hygge是適合內向人的社交方式：找一個晚上和三五好友聚在一起，沒有太多人、不會有太多活動。與其參加充滿陌生人的大型派對，內向的人可能寧願待在家——介於社交和放鬆之間的Hygge，就是很好的選擇。

Hygge把社交和放鬆綁在一起，對內向和外向的人來說都是一大福音，因為這是很好的折衷方案。所以在此要呼籲內向的各位——不必因為喜歡Hygge而感到不好意思，Hygge不等於無聊；至於外向的各位——不妨點幾根蠟燭，放點輕音樂，擁抱你內心深處內向的自己，一個晚上就好。

HYGGE TIP：如何創造回憶？

回憶最棒的部分就在於創造，這是眾所皆知的常識。和親朋好友一起做點新鮮事吧。可以在每個月第一個週五玩桌遊、在海邊享受夏至，或是做些其他有意義的活動，只要可以把大家聚在一起就可以了。幾年後，大家都能藉著這樣的活動，發展出更親密的關係。

CHAPTER FOUR

飲食

吃什麼像什麼

如果Hygge是個人，那他一定是電視節目「河邊小屋」（River Cottage）的主持人芬利懷廷史托（Hugh Fearnley-Whittingstall）。芬利懷廷史托對生活採取輕鬆、悠閒、慢活的態度，他身上有許多Hygge元素，感覺他也很懂大份量美食伴三五好友的價值。

　　過去幾年，北歐飲食開始在世界各地嶄露頭角，其中最耀眼的就是二〇〇三年開幕的諾瑪餐廳（NOMA）。二〇一〇年起，諾瑪就曾四度被封為世界最頂級的餐廳。諾瑪餐廳的「螞蟻活蝦」引起媒體熱烈討論，但丹麥日常的飲食卻不走這種風格。丹麥傳統飲食是開放式三明治（smørrebrød），以及裸麥麵包佐醃鯡魚或豬肝醬（leverpostej，豬肝烘烤過後切碎，和豬油混在一起，作為抹醬使用）。我想你現在應該開始覺得螞蟻聽起來很好吃了。至於丹麥傳統晚餐，我個人覺得用《丹麥的五十道肉品和馬鈴薯》當做丹麥食譜書書名，也會滿貼切的。丹麥人嗜肉，平均每人每年要吃掉四十八公斤的肉，豬肉則是丹麥人的最愛。

　　丹麥肉品、糖果和咖啡的高消耗量與Hygge有直接的關係。Hygge是善待自己——給自己一點享受，讓自己及朋友能暫時逃離健康飲食的壓力。糖果很Hygge、蛋糕很Hygge、咖啡或熱巧克力也很Hygge。紅蘿蔔條……就還好。帶有罪惡感的東西也是Hygge儀式不可或缺的一部分，不過不需要太浮誇或太奢侈。鵝肝醬不Hygge，但暖胃的燉菜就很可以；爆米花也可以，尤其是當大家從一個大容器中分食的時候。

一起享受罪惡感

幾年前我去拜訪一位朋友和他的家人。他女兒當時四歲,晚餐時,她轉頭問我:「你做什麼工作?」

「我研究什麼讓人幸福。」我說。

「很簡單,」她回答,「糖果呀。」我不確定幸福的答案是否真的這麼簡單。但是她可能說到了Hygge的重點。

丹麥人對糖果相當狂熱,多數人說到Hygge就會想到:小熊軟糖、甘草糖,還有裹著巧克力的奶油點心(flødeboller [fleu-the-ball-r])。歐洲的糖果糕餅市場報告(Sugar Confectionary Europe)指出,丹麥每人每年要吃掉八‧二公斤的糖果,僅次於世界糖果攝取量最大的國家芬蘭——芬蘭的攝取量是歐洲平均值的兩倍。預估在二〇一八年,丹麥每人每年糖果攝取量會達到八‧五公斤,把芬蘭擠下世界第一的位置。丹麥人不只愛糖果,也愛蛋糕,有人想吃的嗎?

糖果攝取量

4.1公斤
歐洲平均值

8.2公斤
丹麥平均值

愛吃蛋糕的丹麥人

蛋糕是百分百的Hygge，我們丹麥人最愛吃蛋糕了，辦公室也常常能看到蛋糕。我跟我的牌友約翰是在他最愛的哥本哈根酒吧（Lord Nelson）認識的，當時我們喝著啤酒，聊著Hygge還有丹麥人對蛋糕的熱情。

「我們會在會議室來回走動，搜索並『控管』剩下的蛋糕，就像站衛兵一樣，」他說，「這還只是內部會議的規格，如果有客戶來訪，蛋糕架上還會有花色小蛋糕。」約翰說的沒錯。蛋糕和其他糕品、甜品可以讓一切事物都變得Hygge，不管是單純享用或是在烘焙過程中，都可以很Hygge。蛋糕也可以緩和開會的氣氛。

不過一般來說，享用蛋糕的地點不在辦公室，而是在家裡或蛋糕店。丹麥最有名、最道地的蛋糕店是一八七〇年開幕的La Glace，它也是歷史最悠久的甜品店。La Glace有些蛋糕以丹麥名人命名，例如安徒生（Hans Christian Andersen）和卡倫‧布里克森（Karen Blixen），所有蛋糕看起來都如夢境般美麗。店裡最有名的大概就屬「運動蛋糕」（Sport Cake）了。運動蛋糕簡直就是一片鮮奶油汪洋，所以其實並不適合體育冠軍當早餐。這個名字起源於一八九一年的舞台劇《運動員》，運動蛋糕就是為了舞台劇首演而特別訂製的。La Glace所堅持的理念、店內的裝潢、各種糕點，還有讓人可以坐下享用精緻甜品的美麗包廂，都讓Hygge氛圍擴散到整個哥本哈根。

蛋糕人

人說「超級英雄」代表一個地方的文化：美國有超人、蜘蛛人、蝙蝠俠，丹麥則有……蛋糕人。

　　好吧，蛋糕人可能算不上超級英雄，但是他跟他的美國同事一樣，在生日派對上都很受歡迎。蛋糕人（Kagemand [Cai-man]）是丹麥小朋友的生日會傳統。蛋糕人看起來就像大型的薑餅人，以甜麵團製作而成，裡面加了很多糖、奶油。蛋糕外面有糖果、丹麥國旗，還有蠟燭做裝飾。如果可以在蛋糕裡加上培根，所有的丹麥元素就在蛋糕人身上一次到位了。根據丹麥的傳統，壽星要割斷蛋糕人的喉嚨，其他小孩則在一旁尖叫。「親愛的，生日快樂。切開蛋糕人的喉嚨吧。」北歐風Hygge生日派對，不錯吧？

糕點

丹麥傳統糕點就是⋯⋯丹麥麵包。可不是每個國家都會在灌滿奶油的麵團中，再放入黏呼呼的鮮奶油餡料，然後用國名當麵包名的。

通常是幾世紀以來在大小戰爭中屢戰屢敗的國家才會這麼做。不過，丹麥麵包在丹麥境內卻稱作「維也納麵包」（wienerbrød），因為丹麥麵包是一位丹麥糕點師傅，在十九世紀到維也納取經時所研發出來的。有幾款丹麥糕點的名字很有趣，像是「蝸牛麵包」或「糕點師傅的瞎眼」（the baker's bad eye），不過不管叫什麼名字，重要的是這些糕點非常美味，也很適合Hygge。另外，如果想在丹麥辦公室製造歡樂氣氛，不妨大喊一聲「Bon-kringle！」Kringle是一種丹麥經典糕點，bon則是收據。Bon-kringle的概念：若你在附近的糕點店累積消費一千丹麥克朗（約一百三十歐元），只要向店家出示所有收據，就能獲得一個免費的Kringle。有點像糕點集點卡，只是沒有實質的卡片。

自己動手做

在家裡動手做糕點是很Hygge的活動，你可以自己來，也可以邀請親朋好友。很少有東西可以像現做糕點的香味一樣，瞬間增添Hygge氛圍。

　　糕點成品不用像迪士尼電影中的蛋糕一樣華麗，越樸實反而越Hygge。老麵麵包在丹麥已經流行好一陣子了。製作老麵麵包耗費的時間，還有照顧「活」麵種的感覺，讓Hygge的感覺更加倍。有些丹麥人講到麵團就好像講到自己的孩子一樣——要餵食、要照顧。老麵麵團基本上就像可食用的電子雞。

熱飲

我的研究團隊做了一項調查，看看丹麥人會把Hygge和什麼聯想在一起？我當初賭蠟燭，但我錯了。蠟燭是第二名，第一名是熱飲。

86%的丹麥人想到Hygge會想到熱飲。熱飲可以是茶、熱巧克力、香料酒，不過丹麥人的最愛還是咖啡。

如果你喜歡看丹麥電視劇，像是「城堡」（The Borgen）或「謀殺拼圖」（The Killing），你一定知道丹麥人有多喜歡咖啡。劇中幾乎每一幕都會有人不是在點咖啡，就是在煮咖啡，或是一個角色看著另一個角色說：「要咖啡嗎？」——丹麥是世界第四大咖啡消耗國，每人喝的咖啡量比美國人多出33%。

　　咖啡和Hygge的關聯可在丹麥語中看得出來——隨處可見的複合字如「Kaffehygge」就是由「咖啡」和「hygge」組成的。「快來Kaffehygge」、「Kaffehygge和蛋糕」、「體操和Kaffehygge」、「毛線和Kaffehygge」。Kaffehygge超級百搭,丹麥甚至還有個Kaffehygge專門網站,網頁上寫著:「活在今日,如同明日沒有咖啡。」

　　沒有咖啡也也可以Hygge,有咖啡當然更好。手裡捧著熱咖啡很有安撫的作用,因為咖啡是Hygge導體嘛。

你對Hygge上癮了嗎?

你不能用錢買快樂,但可以用錢買蛋糕,而這兩件事基本上是一樣的。蛋糕與幸福相去不遠,至少人類的大腦機制這麼認為。想像自己打開門,踏進咖啡廳的那一瞬間,店內架上誘人的甜品香氣撲鼻而來,你一看見各種甜點、蛋糕,就感到無比幸福。你點了最愛的蛋糕,咬下第一口時,一陣狂喜在身體裡流竄。天啊,太好吃了!但你可曾想過,為什麼吃甜食會讓人這麼開心?

丹麥人會把Hygge和什麼聯想在一起?

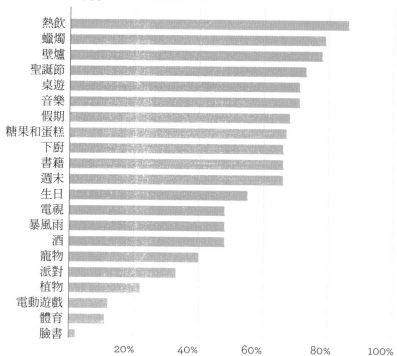

我們的基底前腦有個部分為「伏隔核」。伏隔核和大腦的酬償機制有關，影響著我們的動機、愉悅感和強化作用。所有脊椎動物都有這樣的機制，因為唯有在進食或從事性行為這類的活動中感到愉悅，才能讓物種延續下去。

從事酬償行為時，大腦會釋放出一種化學物質來活化神經遞質多巴胺，伏隔核附近的腹側被蓋區則會在此時釋放多巴胺。當神經纖維在大腦各區將多巴胺傳達至受器時，就會產生愉悅感。愉悅的記憶會存在大腦皮質，我們才不會忘記。說來有點怪，但在某種程度上，可以說是大腦幫助我們上癮，使我們得以生存的。

嬰兒出生後，嚐到的第一個東西是甜美的母乳。對甜食的喜好能幫助我們生存下去，所以在吃蛋糕或其他甜食時會有開心的感覺，也很難忌口。人類的身體在訓練我們持續從事能得到報償的行為，愛吃鹹食和油膩食物也是一樣的道理。

簡單來說，我們會把某種食物和愉悅的感覺聯結在一起，進而想要更多。Hygge應該要能讓人身體好、心情好，也就是說，如果你想吃蛋糕，就吃吧，但切記要適度節制，肚子痛起來可一點也不Hygge喔！

高熱量療癒食物 vs.慢食

糖果、蛋糕、甜點都很Hygge，但Hygge食物不限於讓人發胖的食物。高熱量的療癒食物（comfort food）固然很Hygge，但是「慢食」也是Hygge箇中精髓。

一道料理是否Hygge，取決於它的準備時間。最基本的原則：準備時間越長越Hygge。

準備Hygge料理在於享受漫長的烹調過程。好好珍惜創造美好事物所花費的時間和過程帶來的愉悅，享受你和食物之間的親密關係。這就是為什麼自製果醬比市售果醬還要Hygge。每吃下一口自製果醬，都能讓你想起那個親手摘水果的夏日和滿屋的草莓味。

我很喜歡利用週末下午最精華的時段，尤其在冬天時，花上數把小時，用烤箱或鍋子做菜。整個做菜時程甚至可以往前延伸：先跑一趟不錯的農夫市集，仔細挑選當令時蔬，或和肉販聊聊，問問哪種肉最適合慢燉。一邊等待爐上的燉菜，一邊窩在Hyggekrog閱讀，真是一幅美麗的Hygge景象，更是Hygge的精髓。只有要在燉菜中多加點紅酒時，再起身就好。

在這裡要跟各位強調，燉菜料理不一定得是傳統的北歐燉肉。重要的是過程，不是成品。去年夏天，我做了義式檸檬甜酒（Limoncello），製作過程需要切下數顆檸檬的皮，然後把皮浸漬在甜酒裡至少一週，讓甜酒吸收檸檬皮的風味和色澤。每天下班回到家，我都會打開冰箱，好好聞一聞我的風味酒，看看進度如何。我的甜酒成品很普通，但是每天觀察冰箱裡甜酒的變化，真是Hygge到不行。

HYGGE RECIPES

這裡的食譜絕對能讓你Hygge起來

Skibberlabskovs
(Skip-er-lap-scows)

船長燉肉

這道豐盛樸實的燉肉起源於漁船上（故得其名），很適合秋高氣爽的天氣享用。可以用之前做菜的剩肉代替食譜中的牛胸肉，讓整道菜更樸實、更Hygge。

4-6人份／烹調時間：1小時15分鐘

- 牛胸肉750公克
- 洋蔥3顆
- 奶油100公克
- 月桂葉3-4片
- 黑胡椒粒10-12顆
- 雞高湯1公升

- 馬鈴薯1.5公斤
- 胡椒和鹽
- 細香蔥1把
- 醃漬甜菜根
- 裸麥麵包

---

1. 將牛胸肉切成一口大小的肉丁。

2. 將洋蔥去皮切塊。

3. 用厚底鍋融化奶油後，將洋蔥炒至半透明（不要炒至焦黃）。

4. 放入牛肉、月桂葉、胡椒粒，接著將煮沸的高湯倒入鍋中，高湯的量要剛好蓋過牛肉和洋蔥。

5. 蓋上蓋子悶煮約45分鐘。將馬鈴薯去皮後切成一口大小的小丁。

6. 將一半的馬鈴薯放在鍋中的牛肉上，蓋上蓋子。

7. 15分鐘後，攪拌鍋中食材，放入剩下的馬鈴薯，視需要再加入一點高湯。小火繼續悶煮約15至20分鐘，持續攪拌避免底部燒焦。完美狀態是鍋中的牛肉和馬鈴薯泥能混在一起，但仍帶有一些軟嫩馬鈴薯塊。

8. 以胡椒和鹽調味，上桌時附上一小塊奶油、大量細香蔥、醃漬甜菜根，以及裸麥麵包。

Braised pork cheeks in dark beer with potato-celeriac mash

黑啤酒煨嘴邊肉佐根芹馬鈴薯泥

　　這是我最愛的冬季料理。這道佳餚需要經過長時間煨煮，增添不少Hygge風情，讓你可以在等待的時間一邊閱讀、一邊享用美酒。

煨嘴邊肉食材：

- 嘴邊肉10-12塊
- 胡椒和鹽
- 奶油15公克
- 根芹⅛塊，粗切
- 胡蘿蔔1條，粗切
- 洋蔥1顆，粗切
- 番茄1顆，切成四等份
- 啤酒或艾爾啤酒0.5公升

根芹馬鈴薯泥食材：

- 馬鈴薯750公克
- 根芹¼顆
- 鮮奶200毫升
- 奶油25公克

黑啤酒嘴邊肉：

1. 用餐巾紙壓乾嘴邊肉後調味。

2. 以中大火在鍋中將奶油煮成金黃色澤。放入嘴邊肉，每面都煎至顏色變深，共約3至4分鐘。

3. 放入根芹、胡蘿蔔和洋蔥，煮至變色後再加入番茄。

4. 倒入啤酒。視需要加水，讓液體蓋過豬肉和蔬菜。

5. 火轉小一點，煨煮約1.5小時，直到嘴邊肉變軟。

6. 取出嘴邊肉，繼續沸煮鍋中醬汁，待其收汁後，用篩子過濾並調味。

根芹馬鈴薯泥：

1. 將馬鈴薯和根芹切成一口大小。

2. 將馬鈴薯和根芹煮至變軟，瀝乾水份後一起搗泥。

3. 在鍋中加熱鮮奶，然後和奶油一起拌入薯泥中，調味。

4. 把煨好的嘴邊肉放在馬鈴薯泥上，可以灑上一點香芹，也可以附上麵包，用來沾醬汁食用。

Boller I Karry
[BALL-R E CARI]

丹麥肉丸佐咖哩醬汁

　　這道丹麥傳統佳餚老少咸宜，人人都愛，也是我母親最愛的一道
料理。雖然她過世已經快要二十年了，但每年在她生日的時候，我
還是會重現這道經典肉丸。緬懷親人最好的方式就是烹煮他們最愛
的料理，這樣可以把悲傷的場合轉變成Hygge之夜。如果你不吃辣
也不用擔心，這份食譜只有微辣，丹麥小朋友都很愛吃。

4人份／烹調時間：1小時35分鐘（包含靜置絞肉1小時的時間）

- 麵包粉1杯或麵粉2大匙
- 雞蛋1顆
- 洋蔥2顆，細切
- 蒜瓣3個
- 胡椒和鹽
- 豬絞肉2公斤
- 牛高湯4杯

咖哩醬汁材料：

- 奶油2大匙
- 微辣黃咖哩粉，滿滿的2大匙
- 大顆洋蔥1顆，切碎
- 大顆韭蔥1顆，切碎
- 麵粉5大匙
- 含脂量35%的鮮奶油100公克
- 新鮮香芹，切碎

---

1. 在大型攪拌盆中放入雞蛋、洋蔥、大蒜、胡椒、鹽、麵包粉（或麵粉），均勻攪拌。放入豬肉，攪拌均勻後，冷藏1小時。

2. 用湯匙把混好的絞肉做成丸子狀。煮沸一鍋水，加入牛高湯和肉丸悶煮5至10分鐘（依照肉丸大小調整時間）。從湯裡舀出肉丸，湯汁不要倒掉。

3. 在鍋中融化奶油，加入咖哩粉後續煮數分鐘，使其顏色變深。

4. 放入洋蔥和韭蔥末，繼續煮幾分鐘使其顏色變深。加入麵粉，均勻攪拌，接著倒入一些煮肉丸的湯汁，一次一點點，不斷攪拌直到醬汁變濃稠。加入鮮奶油和肉丸，悶煮約12分鐘。

TIP：可用香芹裝飾，搭配白飯食用。

Gløgg
(Gloeg)

丹麥香料酒

十二月少了傳統香料酒就不完美了。丹麥人會到酒吧小聚，或邀請親朋好友來家裡，用暖暖的香料酒祝彼此聖誕快樂。

香料酒體材料：

- 葡萄乾4大把
- 波特酒300毫升
- 濃烈紅酒1瓶
- 黑糖250公克（帶有黑糖結晶和蔗糖漿的黑糖最佳，不過普通黑糖也可以）
- 肉桂棒20公克
- 整顆的多香果（牙買加胡椒）20公克
- 整顆的丁香20公克
- 整顆的肉荳蔻10公克

香料酒材料：

- 濃烈紅酒1.5公升
- 棕色蘭姆酒200毫升
- 蒸餾酒（或伏特加）200毫升
- 1顆柳橙的皮
- 鮮榨柳橙汁200毫升

---

1. 前一天先將葡萄乾浸泡於波特酒中，浸泡24小時最佳。

2. 把整瓶紅酒倒入鍋中，加入糖、肉桂、多香果、丁香和肉荳蔻，加熱至快沸騰。關掉火源，靜置冷卻後再過濾。

3. 在香料酒基底中加入紅酒、蘭姆酒、蒸餾酒、柳橙皮和柳橙汁。再次加熱至快沸騰後，放入葡萄乾、波特酒和杏仁。

Snobrød
(Sno-broeð)*

長條丹麥卷

　　長條丹麥卷短期內應該是不太可能登上諾瑪餐廳的菜單，因為它不是什麼特別厲害的麵包，但是這款麵包的製作過程可是Hygge到最高點，總是讓小朋友很興奮。

---

*輕ð音是丹麥語中最難發的音，英語中最接近的發音大概是th音，不過舌頭要再伸出來一點。

成品份量：6個

製作時間：1小時15分鐘（包含1小時的「醒麵時間」）；烤麵包時間取決於火力和你的耐性，一般來說大約10分鐘。

- 奶油25公克
- 鮮奶0.25公升
- 酵母25公克
- 糖2茶匙
- 鹽¾茶匙
- 麵粉400公克

---

1. 在鍋中融化奶油後加入鮮奶，後加熱至溫熱。加入酵母，待其溶解。

2. 把混和液倒入大型攪拌盆中，加入其他食材，做成麵團，預留一些麵粉。揉麵完全後將麵團放回攪拌盆中，加蓋靜置於溫暖處，醒麵1小時。

3. 把麵團放在灑有麵粉的工作檯上，再次揉麵。可以於此步驟中加入剩下的麵粉。把麵團分成6等份後，將每一等份捲成約40公分長的條狀，然後繞在粗籤上。

4. 在燒紅的炭火上烤麵包，小心不要太靠近火源。輕敲麵包時，若聽起來是空心的聲音，或是很容易從粗籤上撕下麵包，就代表完成了。

HYGGE TIP：創立烹飪社

幾年前我想要搞個名堂，好讓三五好友能在固定時間聚在一起，於是我創了一個烹飪社。我的研究工作也算是烹飪社的催生婆，因為我知道「人際關係」是一些人總是比較幸福的原因。此外，我也希望我們的烹飪社可以強化Hygge，所以我們不是輪流做飯給五、六個好友吃，而是大家聚在一起做飯。這才是Hygge真諦。規則很簡單，每次聚會都有個主題或主要食材，例如：鴨肉或香腸，而每個人都要帶些食材，做出符合主題的小份量餐點。這種方式很輕鬆、沒有拘束，也比較公平，不會讓一個人照顧所有客人，也不用擔心要達到前一次豪華晚宴的水準。

烹飪社最Hygge的那個晚上，我們做了香腸。我們總共花了三至四小時剁肉、填料、煮香腸、煎香腸。成品非常多，堆起來像山一樣高，很有成就感。做好的時候已經晚上十點左右了，那時我們已經餓得像飢腸轆轆的維京人。至於成品的味道？簡直悲劇。我咬下第一口就覺得有霉味，沒有人吃香腸會想吃到霉味。那天我們都帶著小飢餓入睡，不過那個晚上絕對Hygge！

CHAPTER FIVE

服裝

休閒是關鍵

說到丹麥，休閒就是關鍵。多數丹麥人喜歡休閒的調調、休閒的氣氛，還有休閒的服裝打扮。

　　在哥本哈根街上，很難看到有人身著三件式的套裝，如果你是西裝革履的商界人士，一定會覺得丹麥人的穿著很邋遢。但時間一久，你就會發現丹麥其實有自己的休閒時尚藝術。要同時達到休閒和時尚，許多丹麥人（包括我在內），會在裡面穿一件T恤或毛衣，外面搭配休閒西裝外套。我個人偏好手肘有皮革補丁設計的款式，既Hygge又有點教授風。老實說，我可能有點太常穿補丁款外套了，朋友常笑我，說我要是在人滿為患的酒吧背對著大家，只要認補丁袖就能找到我。

丹麥穿搭

丹麥時尚簡潔優雅，不會過於浮誇，在各方面也都達到Hygge和極簡實用間的完美平衡。

圍巾

　　圍巾是必備品，男女都一樣。雖然圍巾的季節是冬季，但有些圍巾偏執狂在夏天也會圍圍巾。圍巾搭配的黃金法則是：越大越好。盡情把你的時尚厚圍巾往脖子上繞吧！繞到極限，不要扭到脖子就好。丹麥人超愛圍巾，愛到有些英國人把丹麥電視劇《城堡》稱為「圍巾劇」。

黑色

　　一踏出哥本哈根機場，你馬上會以為自己走入了一部忍者電影。在丹麥，人人都穿黑色。選擇服裝時，不妨想像自己要去參加老佛爺卡爾拉格斐（Karl Lagerfeld）的喪禮：單色、有型。夏天比較可以自由選擇服飾的顏色，像是浮誇又搶戲的灰色。

厚重上衣

　　手織羊毛衫、大毛衣、排釦毛衣、套頭毛衣──上半身可以有各種搭配組合。女生下半身搭配綁腿褲，男生則穿緊身牛仔褲，這種穿搭既Hygge又時尚。毛衣可以厚重但是不可以邋遢，也別忘了圍巾！

洋蔥式穿衣法

　　要在一日四季的環境中生存，洋蔥式的穿法很重要。記得一定要多帶一件排釦毛衣，覺得冷就不Hygge了。

隨興的髮型

丹麥人髮型的隨興程度已經在懶惰邊緣了。起床就可以直接出門。女生可以綁個包頭，越高越好。

莎拉隆德（Sarah Lund）大毛衣

丹麥最經典的毛衣款式應該是電視劇《謀殺拼圖》中莎拉隆德穿紅的款式。《衛報》甚至曾經寫了一篇報導：〈莎拉隆德毛衣解析〉。這款毛衣炙手可熱，法羅群島（Faroe Islands）上的工廠生產速度根本趕不上銷售速度。

選擇這款毛衣的是飾演隆德的蘇菲・嘉柏（Sofie Gråbøl）。「我看到這件毛衣時心想，就是它了！隆德這麼有自信，不需要穿套裝，她穿什麼都自在。」這款毛衣也代表了嘉柏七〇年代的童年，她的嬉皮父母以前也總是穿著這種毛衣！

「這款毛衣代表一種對於同在感的信奉。」

HYGGE TIP：如何購物？

把購物和愉快的事件做連結。我早就存好錢要買下心愛的椅子，但卻一直等到第一本書終於出版後才真的去買。這樣，這張椅子就和我人生一個重要的成就有了連結。想買件特別的毛衣或毛襪時，也可以比照辦理。先存錢，然後待Hygge時機成熟再購入。這樣每次你穿上這件衣服，就能想起快樂的事。

CHAPTER SIX

Hygge總部

外國人常覺得丹麥電視劇如《城堡》、《謀殺拼圖》和《雙城追兇》（The Bridge）根本都是「傢俱片」。這些電視劇大部分的場景都在精心裝潢的房屋或公寓裡，也可以看到很多丹麥的經典傢俱設計。

　　沒錯，丹麥人喜歡設計。走進丹麥人家裡，就像走進設計雜誌裡一樣。丹麥人之所以對室內設計如此著迷，都是因為我們的家就是Hygge總部。在丹麥，家是社交生活的中心。其他國家的社交文化中心通常都是酒吧、餐廳或咖啡廳，丹麥人則偏好Hjemmehygge（家居Hygge），這其中有很多原因，其中一項是為了省錢，因為上館子的費用太高了。十個丹麥人中有七個認為在家裡最能享受Hygge。

你覺得最Hygge的場所？

71% 家裡

29% 外面

因此，丹麥人花很多時間和金錢把家裡打造成Hygge空間。丹麥的人均家居生活空間是全歐洲之冠。

平方公尺/住戶

51	44	44	41	40	38
丹麥	瑞典	英國	荷蘭	德國	法國

10件可以讓你家更Hygge的物品

1.HYGGEKROG

家家必備Hyggekrog。Hyggekrog直譯為「凹處」或「角落」。Hyggekrog是房間的一個小角落，那種你會喜歡窩在毛毯裡閱讀，一邊品茶的地方。我的Hyggekrog是廚房窗臺，前面提過了。我在那裡放了幾個靠枕、一條毯子，還有糜鹿毛皮。晚上我也會在那裡工作。這本書有好多頁就是在那裡寫的。

丹麥人最喜歡自己的舒適小空間，人人都想要一個。哥本哈根和丹麥其他地方的家中一定都有Hyggekrog。走在哥本哈根街上，你會發現幾乎家家戶戶都有凸窗[*]，凸窗旁也一定會有靠墊和毛毯。在疲憊的一天後，可以在這個舒適的角落放鬆身心。

不過你的Hyggekrog不一定要在窗邊，雖然窗邊的Hyggekrog真的很有Hygge氣氛。屋內任何一角都可以做成Hyggekrog——只要放幾個靠墊或坐起來舒服的軟墊、有柔和的燈光，或者來條毛毯，就是一個適合閱讀、喝茶的Hyggekrog了。把家裡布置得很Hygge在丹麥可是一件大事。有的房仲還會把Hyggekrog當成賣點來推銷房子。

丹麥人喜歡小空間的癖好，也許可以追朔到人類隱居山洞的時代。當時人們需要隨時保持警覺，才能保護自己和家人免受猛獸或其他危險侵害。小空間適合居住，體溫不會像在大空間一樣很快就散掉。此外，大型動物無法進入狹小空間裡。今天我們享受Hyggekrog的其中一個原因可能是安全感，坐著看對面的房間或是街景，可察覺可能發生的危險。窩在Hyggekrog時能感到放鬆，感到一切都在掌控之中，而非暴露於未知的危險狀態。

*凸窗（bay window）是一種窗的空間。從建築物主要的牆向外凸出，以及在房間中形成正方形或多邊形的隔間，隔間的角落內最常用的角度為90°、135°和150°。凸窗普遍用來提供房間較大的錯覺，也可提高建築物內的自然光。

2.壁爐

　　我是個幸運的小孩。我的老家有開放式壁爐，還有一個柴火爐。我小時候最喜歡做的家事就是堆柴點火。我相信一定有很多人跟我一樣。根據丹麥環境部的資料，丹麥境內總共有七十五萬個壁爐或柴火爐。丹麥共有約超過兩百五十萬個家庭，也就是說，十個家庭中會有三戶有機會享受火爐帶來的Hygge。相較之下，英國約有一百萬個家庭擁有內建壁爐，但是英國境內總共有兩千八百萬個家庭，所以二十八個家庭中，只有一戶會有壁爐。

擁有壁爐或火爐的家

30%
丹麥

3.5%
英國

　丹麥人為什麼這麼愛燒木柴？你大概已經猜到答案了。不過除了Hygge，應該還有別的原因吧。丹麥奧胡斯大學（University of Aarhus）一項研究指出，沒錯，丹麥人喜歡燒木柴是因為壁爐比暖氣便宜，不過這只是第二個原因，最主要的原因還是Hygge。研究中有66%的受訪者表示，選用柴火爐最主要的原因是Hygge。問問身邊的丹麥人吧，70%的丹麥人都同意火爐很Hygge——其中一個受訪者甚至說火爐是史上最Hygge的應用藝術。

　壁爐可以說是Hygge總部內的董事長辦公室。我們可以坐在壁爐邊小憩，享受最高境界的溫暖舒適，也可以和最親密的人一起窩在壁爐邊，享受彼此的同在。

3.蠟燭

沒有蠟燭就沒有Hygge。不信？快去重讀第一章。

4.木製品

也許丹麥人真的太過懷舊，但木製品真的有種魔力。火爐裡的木頭燃燒味；木質五斗櫃的光滑觸感；在木頭地板上，踩著一步步嘎吱聲響走到窗邊的木椅坐下。在塑膠玩具攻佔市場多年後，木質玩具再度掀起旋風。凱·柏森（Kay Bojesen）的木頭小猴子就是最佳證明。木頭讓我們感覺更接近大自然。簡單、自然，如同Hygge。

5.大自然

　　木頭還不夠。丹麥人想把整片森林搬回家裡。不管你在大自然裡撿到了什麼，都可以變成Hygge小物。葉子、堅果、小樹枝、動物皮……等等，基本上就是潛入維京松鼠的腦袋，想想牠們會怎麼佈置客廳就對了。記得在長椅、單人椅，還有窗臺上鋪上羊皮，增添Hygge層次，也可以穿插使用麋鹿皮，牛皮就留著鋪地板。丹麥人這麼愛蠟燭，又喜歡使用木頭和其他各種易燃物……哥本哈根的確數次發生火災，記得一定要做好防火措施。

6.書本

　　誰不喜歡放滿了厚書本的大書架呢？休息一下、讀本好書是Hygge的基本要件。書的內容不重要──言情、科幻、食譜，或是恐怖小說，都歡迎上架。各類書籍都很Hygge，但是像珍‧奧斯汀、夏綠蒂‧勃朗特（Charlotte Brontë）、列夫‧托爾斯泰（Leo Tolstoy）、查爾斯‧狄更斯（Charles Dickens）等大師級的經典作品，在架上則會有特別的位置。小孩到了特定年齡，會喜歡跟大人一起窩在 Hyggekrog，要大人讀書給他們聽。不過他們應該不是想聽托爾斯泰的書。

7.陶、瓷器

　　漂亮的茶壺、餐桌上的花瓶、你最愛的個人專用馬克杯──全都很Hygge。丹麥有兩個著名的陶瓷器品牌，其中之一的Kähler丹麥經典陶藝已有一百七十五年的歷史，Kähler在一八八九年的巴黎世博嶄露頭角，該年也是艾菲爾鐵塔的啟用年。另外當然也少不了皇家哥本哈根名瓷（Royal Copenhagen）。一七七五年皇后茱莉安・瑪莉（Queen Juliane Marie）創立了皇家哥本哈根名瓷，近年則以唐草系列（Blue Fluted Mega）重拾市場人氣。

8.觸感

你可能已經發現了，Hygge裝潢不只著重視覺，也很重視觸感。指間滑過木桌、溫暖的陶杯或是糜鹿皮上的毛髮，這些都和金屬、玻璃、塑膠帶來的觸感大不相同。想想觸摸到各種物件時是什麼感受，然後在家裡加入不同的觸覺元素。

9.古玩

在丹麥人的家中，古玩是很重要的元素。丹麥的古玩店什麼都有、什麼都賣，不過需要一番仔細尋覓，才能在破銅爛鐵中挖到寶——陳舊的檯燈或桌椅都很Hygge。你可以在古董店買到築巢需要的各種傢俱，店裡每件物品都有自己的歷史，讓這一切更有趣、更Hygge。

每件物品都有它自己的故事與懷舊之情。物品的質感還是其次，重要的是其情感價值和背後的意義。我在自己公寓中最喜歡的傢俱是腳凳，這兩個腳凳是我和舅舅一起做的。我知道在哥本哈根的小店一定能買到類似的單品，但是它們背後的意義不同。每每看著這兩個腳凳，我便會想起十年前，我們一起從一棵百年老胡桃樹上鋸下這兩塊木頭的回憶。坐在椅子上，我能用這自製腳凳舒服地墊著腳。我的自製腳凳不但以木頭為材質，也帶著懷舊價值——簡直是Hygge界的健達奇趣蛋，兩種願望一次滿足。

10.毛毯與靠枕

一個Hygge的家中絕對少不了毛毯與抱枕，特別是在寒冬中。蜷縮在毛毯中很Hygge，有時候天氣不一定寒冷，但還是會有人這麼縮著，因為很舒服。毛毯的材質可以是羊毛，保暖度較佳，也可以是棉質毛毯，比較輕盈。

靠枕不論大小，也是Hygge必備品。有什麼比靠在舒適的墊子上，讀最愛的書更享受的呢？

這時你可以拿出佛洛依德心理分析的精神，指出丹麥人的Hygge好像其實就是療癒食物＋帶給人安全感的毛毯。你說的也許也沒錯。Hygge對認真負責、目標導向的成年人來說就是個「安全閥」。停下來休息一下吧，在簡單的活動中享受幸福感，告訴自己一切都會很好的。

自製Hygge急救箱

你可以準備一個Hygge急救箱，以免哪個疲憊的夜晚沒有計劃、不想出門，只想好好花時間獨處。

準備一個箱子、櫃子或行李箱，裡面放滿Hygge必需品。下列清單可以讓你作為參考，但是要放什麼決定權仍然在你。想想有什麼物件可以讓你馬上Hygge起來。

1. 蠟燭

2. 高級巧克力

何不去巧克力專賣店走一走，買一小盒高級巧克力？不用買太貴的頂級款，買點還算不錯的，可以偶爾嚐嚐的巧克力。如果你的個性跟我比較像，建議跟自己訂個約定，一天或是一週吃一塊，不然很快就會吃光了。每日或每週的巧克力儀式可以讓你天天有所期待。

3. 最愛的茶

我目前的最愛是南非國寶茶。

4. 最愛的書

有沒有哪一本書可以帶你遠離塵囂，讓你迷失在字裡行間？選一本，放在急救箱裡，Hygge之夜可以拿出來閱讀。如果你的工作性質跟我的類似，需要大量閱讀，快速吸收重點，拿起小說時可能就會急呼呼地想要趕快翻頁。我們這種個性讀起約翰‧勒卡雷（John le Carré）的偵探小說總是想要馬上翻到最後一頁：「啊！看吧，他就是個徹頭徹尾的雙面間諜。」切記：Hygge講求的是另一種閱讀方式：建議慢慢閱讀，看故事如何展開。我個人的Hygge選書是海明威的《戰地春夢》（A Farewell to Arms）。

5. 最愛的一部電影或影集

我自己最喜歡的是將近四十年前的丹麥影集《Matador》（意為鬥牛士，英文劇名為《Monopoly》），劇情描繪一個丹麥小鎮的生活，時空背景設定在經濟大蕭條到納粹佔據丹麥期間。丹麥人藉著這部影集能更了解自己的歷史，幾乎所有丹麥人也都能至少背出影集中的幾句話。

6. 果醬

記得那次三五好友都帶著食物來替你慶祝新居落成，很Hygge不是？何不把那天親朋好友一起動手做的果醬，放到Hygge急救箱裡？

7. 一雙品質好的羊毛襪

8. 你最喜歡的幾封信

說出來的話馬上就會隨風飄逝，但是寫下來的字，可以保存好幾世紀，也可以傳遞遠方心上人的感情。用重溫舊信來放鬆心情、回憶往事，非常Hygge。

手寫在紙上的字比打在螢幕上的字多了點Hygge。如果你跟我一樣生於上個世紀，一定也留著一堆手寫信，不然也可以把電子郵件印出來保存。

9. 溫暖的大毛衣

10. 一本筆記本

可以在Hygge急救箱裡放一本筆記本，姑且管它叫Hygge日記吧。第一篇可以試著寫下最近幾個月或幾年當中，你做的最Hygge的事。寫下來不僅可供日後重溫，也可以幫助你永遠記住這些歡樂時光。第二篇可以寫下往後你想要做的Hygge活動，列出死前一定要達成的各種Hygge。

11. 一條不錯的毛毯

12. 紙和筆

舊信重讀很Hygge，是不是？何不也回個信呢？不妨花點時間手寫一封信，想想這一生中有哪些值得感激的人，寫信給他們，表達謝意。

13. 音樂

黑膠唱片比數位音樂檔案Hygge，但是iTunes或Spotify之類的網路平台可以讓你設定Hygge音樂清單，線上立即播放。我偏好慢歌，最近常聽的是桂格・艾倫・伊薩柯夫（Gregory Alan Isakov）和查爾斯・布雷利（Charles Bradley）的音樂，也推薦大家聽聽丹麥歌手安涅歐貝（Agnes Obel）的歌。

14. 一本相簿

你在臉書上貼了不少照片吧？何不選個幾百張你最喜歡的照片洗出來？暴風雨的夜晚，啜飲著熱茶，一邊翻閱著實體相簿，Hygge多了。

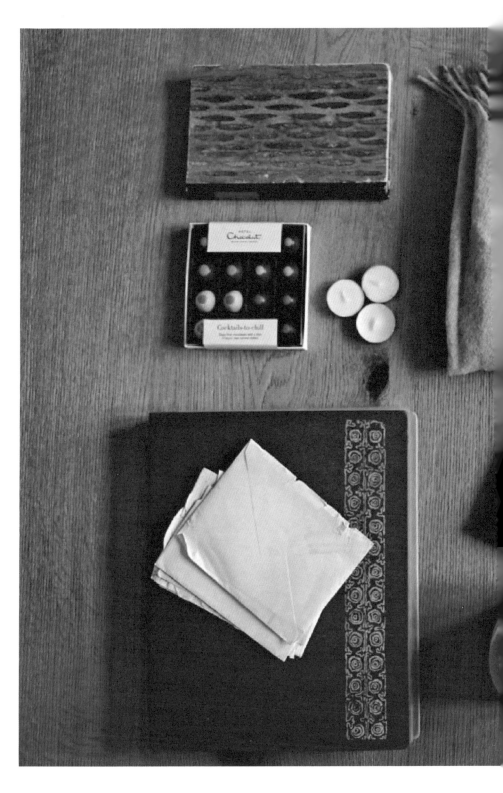

CHAPTER SEVEN

走出家門

大自然的美好

雖說家是Hygge的中心，但在戶外也可以很Hygge。小木屋、小船、大自然，都是很棒的Hygge地點。隨時隨地都可以Hygge，而且我發現最Hygge的時刻，總是伴隨著一些指標元素。

Hygge指標元素

身為科學研究學者，我的工作需要從收集到的資料中理出一套模式，於是我們在探討Hygge的時候，也在各種Hygge時刻中找出了一些共同元素（食物和蠟燭的討論已經佔了很多篇幅，所以這裡不再贅述）。

同伴

獨自一人也可以享受Hygge。下著雨的週日，窩在毛毯裡看最愛的電視劇，非常Hygge；一邊享用紅酒，一邊看著窗外的暴風雨，也很Hygge；或者只是單純坐在窗邊，看著世界，也很不錯。

但是最Hygge的時光好像通常都是和一群人一起過的。幾年前，我父親和他兩個兄弟三個人加起來滿一百歲，他們在丹麥的西岸租了一間夏日渡假木屋，邀請全家人共襄盛舉。渡假木屋坐落於險峻的地勢上，周圍全是一座座的沙丘，還時常有狂風吹來。那個週末，我們什麼也不做，整天就是吃吃喝喝、閒話家常，在沙地上散步。我想那是我那一年最Hygge的一個週末。

隨性

　　Hygge好時光好像都建立在隨性之上。要讓自己和客人都能感到Hygge，就需要好好放鬆。不用太過拘謹，只要專心做自己就可以了。

　　我二十幾歲的某年秋天，曾在法國香檳區採葡萄。幾年前我和三個好友舊地重遊，便決定造訪當時工作的馬凱特葡萄園（Marquette vineyard）。我們見到了葡萄園老闆娘葛琳妮，她兒子也已經是個大人了。我們在葡萄園過了一個很Hygge的午後時光，在樸實的田園廚房中，頭頂著低矮的天花板，腳踩著石板地，還在其中一張大餐桌上喝著葡萄酒。那天下午氣氛非常輕鬆隨性，雖然我已經好幾年沒見到葛琳妮和她兒子了，但仍不覺拘謹。

親近大自然

不管是坐在瑞典的河畔、法國的葡萄園中，或只是在自家的後花園、家裡附近的公園，只要能被大自然包圍，就能讓人放鬆、反璞歸真。

在大自然裡，你不會被電子產品淹沒，也不需要在一系列複雜的選擇中做出重大抉擇。大自然裡沒有奢侈、揮霍，只有陪伴和談心。簡單、緩慢、質樸，可以馬上讓你Hygge起來。

某年夏天我和一群好友到瑞典尼桑河（Nissan River）邊露營，我們用營火烤雞，慢慢把雞烤得金黃，還可以聽到包著鋁箔紙的馬鈴薯被火烤得吱吱作響。那天稍早我們還先泛舟了好些距離。天色漸漸暗了下來，營火將營地附近的樹木染上溫暖的色澤，抬起頭還能從樹梢中看見星星。我們一邊等著金黃烤雞，一邊從咖啡杯裡喝著威士忌。大家都累了，沒有交談，卻很幸福，這是最純粹的Hygge。

享受當下

Hygge其中很重要的一個元素，就是要享受每個當下。Hygge非常強調當下，要Hygge就必須要好好感受、仔細品味此時此刻。

那次露營，我們不需要趕著去哪，沒有網路、沒有手機、沒有郵件。四周是純粹的自然景觀，身邊也都是好同伴，可以完全放鬆、享受當下。

每年夏天我都會加入一個好友和他父親的航海之旅。站在船舵前，頭頂著全白的船帆和藍天，聽著甲板下方傳來的隆隆音樂聲。航海之旅最Hygge的時刻就是抵達目的地靠港停船後。晚飯後，我們會一起坐在甲板上看日落，聽著海風在港邊船隻的索具間穿梭，喝著餐後的愛爾蘭咖啡……這就是Hygge。

用上面的各種元素很快就能創造出Hygge時光。有時候，一次就可以擁有所有的Hygge元素。在我個人的經驗中，夏日小屋涵蓋了所有Hygge指標——它的特性符合上述所有條件，我的兒時記憶也幾乎都在那城外約十公里處的夏日小屋裡。每年五月到九月，我們全家人都會住在那兒。那是一年當中晚上看不見黑暗的日子，我和哥哥有無限的夏日可以揮霍。我們爬樹、抓魚、踢足球、騎單車、去隧道探險、在樹屋小憩、躲在海邊的船下、用沙子蓋水壩、堡壘、玩弓箭、闖入叢林尋找野莓和傳說中納粹留下來的金塊。

我們的渡假小屋是市區的家的三分之一大，屋裡的傢俱老舊，那臺十四吋的黑白電視天線還時常罷工。但是我們在這裡得到最大的Hygge。小屋在各個不同層面都替我們創造了最歡樂、最Hygge的時光。我想這也許是因為小屋中充滿了Hygge指標性元素，例如：氣味、聲音和簡單純粹。待在這樣的小屋中，可以更接近大自然，也能更接近身旁的人。小屋能「強迫」你簡單慢下來，聚在一起、出去走走、享受當下。

上班也能Hygge

不是只有待在舒適的渡假小屋中，在甲板上啜飲愛爾蘭咖啡，或是窩在家裡壁爐旁的Hyggekrog才能享受Hygge。丹麥人認為，辦公室可以Hygge，也應該要Hygge。

　　沒錯，這個理論的第一個例證就是第四章提到的蛋糕。此外，根據幸福研究機構的調查，有78%的丹麥人認為上班也可以很Hygge。

上班也應該要Hygge嗎？

13%
否

9%
不知道

78%
是

HYGGE TIP：在辦公室享受Hygge的方式

究竟如何讓上班時間也很Hygge？首先，蠟燭和蛋糕當然是必需
品。但蠟燭、蛋糕只是入門。你可以設法讓辦公環境更自在、
更舒適、更友善。也許可以放幾張沙發，讓需要讀長篇報告或
是需要簡短討論事情的人使用。我的工作常常需要與人面談，
記者來訪時，我喜歡坐在沙發上好好聊聊，而不是面對面坐在
漂亮卻死氣沉沉的辦公桌旁。

—

CHAPTER EIGHT

HYGGE一整年

不只是聖誕節

————————

丹麥俗話說：「沒有壞天氣，只有壞打扮。」但說實話，我對丹麥的天氣實在沒什麼好話可說。

　　有些人用陰暗、風大、潮溼來形容丹麥的氣候；有些人則說丹麥只有兩種冬天，灰色的冬天和綠色的冬天。

　　在這樣的氣候環境下，可想而知，丹麥人幾乎冬季都待在室內。

　　夏季時，丹麥人會盡可能待在戶外，殷切期盼著陽光，但是在十一月至三月這段時間內，嚴峻的氣候使丹麥人不得不待在室內。丹麥不像瑞典或挪威有很多冬季限定的活動，也不像南歐國家，冬天也可以外出，所以丹麥人只好窩在家裡Hygge。根據幸福研究機構的Hygge研究結果，秋冬於是乎成了Hygge旺季。

Hygge一整年的方法

―――――

一月：電影之夜

　　一月最適合與親朋好友來個輕鬆的電影之夜。每個人都帶點零食來，選一部所有人都看過的經典之作，這樣如果看片時有人聊天，就不那麼煩人了。

　　電影之夜可以玩個附加小活動：用簡短的一句話交代整部片。於是《魔戒三部曲》就成了「一大票人花了九小時還戒子」，而《阿甘正傳》則是「嗑藥女佔喜憨男便宜好幾十年」。

二月：滑雪

　　如果有機會，不妨約親朋好友來趟二月山區滑雪之旅。山區景緻很壯麗、滑坡的速度很刺激、純淨的空氣令人感到舒暢——但滑雪之旅最棒的還是Hygge。Hygge的魔法就在你們一群人回到小屋時開始蔓延。大家都滑累了，頭髮又髒又亂，穿著醜醜的羊毛襪，在一片寧靜中，享用著咖啡。對了，記得要帶柑曼怡！

三月：主題之月

如果你們有家族夏日旅遊計畫，就可以好好利用三月「預先」Hygge 一下。假設夏天要去西班牙，不妨在三月就先做點功課。「做功課」的意思是，看幾部西班牙電影，學做西班牙小吃Tapas，如果家裡有小孩，可以花一個晚上的時間，在椅子（silla）、桌子（mesa）、盤子（plato）上貼西班牙文的便利貼，稍微學一點西班牙文。如果今年沒有旅遊的打算，可以選一個以前去過的國家作為三月主題（記得拿出相本），用一直想去的國家也行。不能身歷其境，就自己打造環境。

四月：爬山、在營火上做菜

四月非常適合爬山、露營、泛舟。這個月份的天氣可能還是有點涼爽，所以記得多帶一雙毛襪（超Hygge），不過四月的好處是蚊子比較少。如果你跟我一樣是都市人，開始爬山的第一個小時應該會很慌：「等一下沒有網路怎麼辦？」但是當你克服了這種焦慮，心跳和壓力感都會降低。爬山就像是Hygge世界的復活節雞蛋彩繪活動，裡頭包含了緩慢、純樸和同在感等元素——撿木柴、生火，然後在星空下和好友一同品嚐威士忌。

*如果選在復活節當天爬山，記得替孩子準備巧克力蛋。

五月：週末渡假小屋

五月，白晝漸漸變長，可以開始往鄉間移動了。也許你的朋友有間渡假小屋，沒有的話也可以租間便宜的——小屋越簡樸就越Hygge，有壁爐更是加分。記得帶上桌遊，以免下午下雨無法出門。每年第一次戶外烤肉的機會通常也都在五月的週末。說到夏季Hygge，手拿著啤酒站在烤肉爐旁邊最有感覺了。

六月：夏至與接骨木花釀

六月初是接骨木花收成的季節。接骨木花可以製成接骨木花釀，或加在檸檬水中，不論是做成夏日冷飲或是冬日熱飲，都能帶來夏日情懷。然而，並不是只有在享用飲品時才能感受夏日氛圍。製作接骨木花釀必須把接骨木花和檸檬泡在鍋中二十四小時，浸泡過程中，整個屋裡都會充滿夏天的味道。只要嗅到一抹淡淡清香，我整個人就彷彿被帶回了兒時的夏日。

接骨木花檸檬水（2.5公升）

- 接骨木花30叢
- 大顆檸檬3顆
- 水1.5公升
- 檸檬酸50公克
- 糖1.5公斤

1. 在大型攪拌盆中放入接骨木花，攪拌盆大小要能容納5公升的液體。

2. 用熱水洗檸檬，洗好後切片，放入攪拌盆中。

3. 將水煮沸後，在熱水中放入檸檬酸和糖。

4. 把水倒入放有接骨木花和檸檬片的攪拌盆中。

5. 蓋上蓋子，靜置三天。

6. 過濾後，將檸檬水倒入瓶中，冷藏保存。

　　六月二十三日是聖約翰（St John）誕辰前夕，當天晚上，丹麥人也慶祝夏至的來臨。我個人最喜歡慶祝夏至。在丹麥，六月的陽光要到晚上十一點才西下，深夜也是一片光明。太陽的落下令人悲喜交加，因為我們知道那一刻開始，白晝就要漸漸縮短，黑暗要慢慢回歸。這天晚上最適合野餐，邀請親朋好友外出生火野餐吧！（因為天黑得晚，這天通常要到很晚才會開始生火。等待生火的時間，可以讓小孩玩湯匙雞蛋競賽*）。

*把雞蛋放在湯匙上往終點走，先抵達終點的人獲勝。

163

七月：夏日野餐

　　七月是丹麥人最愛外出享受大自然的月份。此時的氣溫還很溫暖，太陽也很晚下山，最適合野餐了。在海邊、草地或公園都好，你自己決定，反正出城就是了。可以邀請親朋好友、左鄰右舍，或是剛搬來的新鄰居，每個人帶一兩道菜來分享。大家各自攜帶料裡比只有一人準備還要Hygge，因為這樣才公平。分享食物、分享責任、分享雜務。

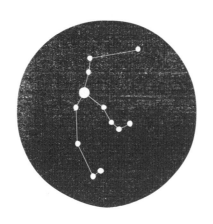

八月：英仙座流星雨

找個晚上，帶條毛毯，坐在星空下。雖然八月的夜空還有點亮光，不適合觀星，但是英仙座流星雨會在八月中出現，通常在十一至十三號之間最明顯。英仙座在天空的東北方，它的東邊是仙女座，北邊是仙后座。如果有孩子，這時候最適合帶上希臘神話的書，等待流星雨的時候可以讀給他們聽。

住在南半球的人可以看到寶瓶座流星雨，時間通常在四月底至五月中。

九月：採菇月

菇類通常在秋季出現，但夏末也有。自己種植、採收或養殖的食物總是比較好吃，而且又很Hygge。帶親朋好友到野外來趟採菇之旅吧。

警告：吃錯菇可能致命，請務必帶上經驗豐富的採菇人，也有許多團體提供採菇行程。

十月：栗子月

十月是栗子月。如果你有小孩，可以帶他們出去尋覓栗子，回家後用撿來的栗子做成動物小人偶。

成人則可以購買食用栗子，用刀子在殼的尖端處劃一個十字，放在烤箱以兩百度烘烤約半小時，直到栗子殼爆開，內裡變軟。撥掉硬殼後，加一點奶油和鹽。

如果你想要獨享Hygge時光，可以買一些小橘子，將烤好的栗子和海明威的《流動的饗宴》準備好。這本書的時代背景是二〇年代的巴黎，當時海明威還只是個身無分文的小作家。

十一月：湯品大對決

　　冬日在即，該是時候翻出以前的湯品食譜了，或另外找些新的也可以。邀請親朋好友來家裡比賽煮湯，每個人準備一道一人份的湯品，把食材帶來，大家輪流煮，量只要夠每個人嚐一點就好。我通常會做南瓜薑湯搭配法式酸奶油，好喝的不得了！如果你是主人，想要多預備一點食物，也可以自製麵包。現烤麵包的香味絕對夠Hygge。

十二月：丹麥香料酒（GLØGG）和丹麥鬆餅球（ÆBLESKIVER）

　　十二月是Hygge旺季。此月蠟燭和糖果的銷售量紛紛飆增，BMI指數也跟著上升。本月也是最適合香料酒的季節（食譜見94頁）。記得預先用波特酒浸漬葡萄乾。選一個午後或夜晚，邀請親朋好友一同享用香料酒和丹麥鬆餅球（食譜見232頁）。

CHAPTER NINE

不用花錢的HYGGE

生命中最美好的事物都是免費的

醜羊毛襪一點也不時尚——要不了多少錢，也不是奢侈品，卻是Hygge的重要元素。香檳配生蠔可以是種享受，不過絕對不Hygge。

　　Hygge是低調慢活。Hygge是選擇樸實、摒棄新潮；選擇簡單、摒棄華麗；選擇氣氛、摒棄刺激。從許多角度來看，Hygge其實就是丹麥版的簡約慢活哲學。

　　Hygge是在平安夜穿著睡褲看《魔戒》；Hygge是坐在窗臺上觀察窗外的天氣、啜飲手中的熱茶；Hygge是在夏至的夜晚，與親朋好友看著營火，慢慢烤著長條丹麥卷。

　　樸實簡約是Hygge的中心思想，也是丹麥設計、文化中非常重要的理念。簡單、實用是丹麥設計的主要元素。丹麥人熱愛樸實的風格，戴勞力士吹噓自己的豐功偉業不但會遭白眼，更會被認為沒有品味、破壞氣氛。簡單來說，越搶眼，越不Hygge。

　　所以當你不慎誤入昂貴的高級餐廳時，可以打Hygge牌完美退場。「還是選間比較Hygge的餐廳吧。」這是掉頭走人找便宜的餐廳的合理藉口。不過這不適用於諾瑪餐廳，因為諾瑪既高級又Hygge，室內照明也非常到位。

　　Hygge就是珍惜生活中的各種小幸福，享受Hygge花不了幾毛錢。班尼・安德森（Benny Andersen）的詩以及其同名歌曲《Svante快樂的一天》（The Happy Day of Svante）在丹麥非常有名。歌詞描述了品味當下、享受微小幸福：「看哪，天將破曉，紅日新月。她為了我沖了澡，我為身為自己感到自豪。小日子真好，擁有的不少，再等一會兒，咖啡即將熱好。」

好吧，丹麥人比較擅長Hygge，不擅長寫詩。不過不管如何，我們可以從各種幸福研究中發現，金錢對幸福的影響力真是小之又小。當然若你三餐不繼，金錢的確很重要，但只要不是捉襟見肘、入不敷出，那麼每個月就是多給你一百英鎊，你的幸福指數也不會提高那麼一點。

這跟Hygge不相抵觸。金錢買不到好氣氛，也買不到同在感。老是急急忙忙倍感壓力的，就無法好好享受Hygge。金錢買不到親密感，親密感只能用時間、興趣，還有他人的參與來換取。

Hygge常是吃吃喝喝的，但是攝取的量越少反而越能享受Hygge。一個東西的金錢和名譽價值越高，就越不Hygge。活動越簡單、越純粹，就越Hygge。喝茶比喝香檳Hygge；玩桌遊比打電玩Hygge；自製的食物、餅乾，比市售現成的Hygge。

簡言之，Hygge無法用金錢衡量，不是花個多少錢就能增加多少Hygge元素——除非你花錢買的是蠟燭，不過蠟燭也不貴。Hygge是一種無法用金錢提昇的氛圍，事實上，花越多錢反而越難Hygge。

Hygge對資本主義的自由市場可能會有一點負面影響，但對於個人的幸福感卻大有助益。Hygge是珍惜生活中的小幸福，不用花大錢就可以享受。以下十個例子告訴我們，生活中最Hygge的事情通常都不花一毛錢。

10件不用花太多錢的Hygge活動

―――――

1. 拿出桌遊

現今的生活中有太多各式各樣的電子娛樂產品,像是Netflix和Candy Crush。我們花時間在科技上,卻不願意花時間與人相處。不過,桌遊仍是眾人熱愛的活動,其中一個原因就是桌遊的Hygge元素。每年我朋友馬丁都會邀請大家來玩元老級桌遊:《軸心與同盟》(Axis and Allies)——這款桌遊以第二次世界大戰為時代背景,也是《戰國風雲》(Risk)的進階版。《軸心與同盟》一玩下去大約就是十四個小時。馬丁的女友非常體貼,讓馬丁繼續玩,晚上自己待在旅館過夜。我們的桌遊之夜不只玩桌遊,還一邊欣賞古典音樂,通常放的是華格納或貝多芬,雪茄的煙還搞得屋內煙霧瀰漫,幾乎都要看不見我們身上的戰鬥服。其實還可以來個更大的排場,不過這一切其實都只是為了Hygge而已。

但是桌遊為什麼Hygge呢?首先,桌遊是社交活動,需要大家共襄盛舉,可以創造集體回憶、聯絡感情。馬丁的每個朋友都還記得二〇一二年那個晚上,同盟國忽然意識到莫斯科即將失守的那個瞬間。此外,對我們這些玩《大富翁》或《奪派萬事通》(Trivial Pursuit)長大的小孩來說,桌遊是一種鄉愁,能帶我們回到那純真的年代。桌遊步調慢(特別是要花上十四小時的桌遊),很有臨場感,也能散播Hygge的氛圍。

2. 存糧派對

　　我最喜歡存糧派對（Pantry Party）。選個下午或晚上，邀請三五好友來家裡煮飯，共享Hygge時光。規則很簡單，每個人都要帶一些食材，見面之後再一起製作可以久藏於食物櫃或冰箱中的食品──草莓果醬、香甜醃菜、自製番茄醬、雞高湯、義式檸檬甜酒、南瓜湯等，都可以。每個人也都各自帶些瓶瓶罐罐，把大家做的美味佳餚裝回家。這個活動的美妙之處在於其多樣性，比起十人份的南瓜湯，你一次可以吃到印度芒果醬、薑汁啤酒、醃椒、茄子芝麻沾醬（baba ganoush）、老麵麵包、李子果醬、接骨木花釀、核桃蒸餾酒，還有覆盆莓雪酪。好吃。

3. 電視之夜

　　我和其中一個死黨總是一起看《冰與火之歌》。（目前追到第三季，拜託大家不要爆雷，我不想知道誰死了）。我們大約每兩週會追個兩集，不會更多。我知道在Netflix的年代，不一口氣把喜歡的劇追完感覺很像原始人，但這樣做也有好處。第一，可以讓電視回歸它的社交功能；第二，這讓你能一直對某件事情有所期待。所以克制一下，邀請朋友週末來家裡追劇吧。

4. 在公共樓梯間或社區其他地方設置「閱讀角落」

要在公寓或社區的公共區域創造Hygge氛圍，有個經濟實惠又容易持續的方法——打造「閱讀角落」。找一張素雅的書桌或幾個書架，放在樓梯間（不過須先徵求大家同意）。在上面放幾本你讀過的書，請鄰居也一同幫忙增加書源，遵守借一本、放一本的原則。回家前在樓梯間看到一排書，很是Hygge。這樣也可以讓大樓住戶有更多Hygge的互動。

5. 法式滾球

　　你一定有朋友家裡有套滾球。除了可以假借玩滾球之名享用法式茴香酒（pastis，如果你沒喝過一定要試試，非常好喝），還可以藉此和親朋好友聯絡感情。滾球沒有嚴格的規則，步調很慢，所以適合邊玩邊聊，邊聊邊看人打球。在附近找個有小碎石地的公園當做滾球場，記得帶上毛毯和野餐籃。

6. 升營火

　　營火本身就是Hygge的重要元素。慢工細活的家常料理也是，另一個角度來看，眾人圍繞在營火旁的同在感也相當關鍵。有了燒木炭的聲音，便無需太多的交談。木柴燒光後會剩下發燙的餘燼，撿一支長度適中的木棍，把前端削乾淨來串麵團。讓麵團緊扒著木棍，然後放在燒紅的餘燼上面。讓大家在營火旁圍繞成一個半圓，留一個開口處避開營火的煙。濃煙會燻眼，你的雙手也因為太靠近營火燒得有點發疼，麵包外層顏色變深，內裡卻還沒有熟，但是，卻沒有比這更Hygge的時光了。

7. 戶外電影院

　　許多城市在夏天都會舉辦戶外電影院。哥本哈根的戶外電影院在
八月，因為六、七月的夜晚太明亮，沒辦法播電影。戶外電影院聲
音小到幾乎聽不見，坐在地上沒有靠背也不舒服。有些比較聰明的
人會自備小凳子，但這些人搭的小營區又會擋到你的視線。儘管如
此，戶外電影仍舊Hygge。我常跟三五好友一起參加，搭個小營區，
吃零食、喝點酒，邊聊天邊等電影開始。

8. 二手物交換派對

　　還記得地下室那盞燈嗎？兩年前你就想把它放上eBay賣掉了。還有因為跟另一半同居，家裡多出來的那臺果汁機？不如藉著二手物交換會，換些自己需要的東西，同時又可以享受Hygge的夜晚。邀請親朋好友來二手物交換吧！規則很簡單，每個人帶上自己用不到，但別人可能需要的東西。二手物交換不僅對荷包、對大自然都有助益，更是個清倉的大好機會。把藏在衣櫥、廚房櫃子、地下儲藏室，或其他地方壓根不會拿出來用的東西，通通翻出來吧。比起週末在跳蚤市場推銷二手物或上網刊登廣告，和朋友來場二手交換方便又好玩得多。

9. 滑雪橇

　　冬天的時候特別容易覺得被困在家裡。雖然在室內放鬆心情，邊喝茶邊閱讀也很Hygge，但是出外在雪地裡待上一天更是美好。趕快呼朋引伴往山上去吧。如果家裡地下室藏了一個木雪橇，很好，可以帶。也有比較便宜的做法，你可以墊著強韌的塑膠袋滑下山坡。滑雪橇可以是免費的，而且趣味十足。帶上一個冬天用的野餐籃，裡面放些茶、香料酒，記得滑完雪橇再喝，喝酒不滑雪。

10. 玩耍

其實上述各種活動如滑雪橇或桌遊，都能歸類在玩耍。玩，誰小時候不喜歡玩？但不知為什麼，長大成人後我們就不再玩了。大人不該玩，大人就應該要有肩膀、承受壓力，每天急急忙忙，想辦法解決問題。但是根據普林斯頓大學經濟學/公共關係教授艾倫·克魯格（Alan Krueger）指導的一項研究，人們在從事休閒活動的時候，最能感到幸福。

身為成年人，我們常常太過注重從事某一件事情帶來的結果。上班是為了賺錢；運動是為了減肥；花時間與人相處則是為了建立人際關係，以利未來事業發展。為什麼不能只因為我喜歡而去做呢？如果你想不起來上一次玩樂是什麼時候，想想《鬼店》（The Shining）裡這句台詞：「傑克只顧工作、不懂玩樂，最後變成了一個無趣的男孩」。請參考196-197頁的社交行為表格，便會發現運動、爬山、派對、跟小孩玩的分數最高。

普林斯頓時間與影響調查
（The Princeton Affect and Time Survey）

這項研究中，有四千名受試者用0-6分量表，針對前一天的各種活動評估幸福程度。

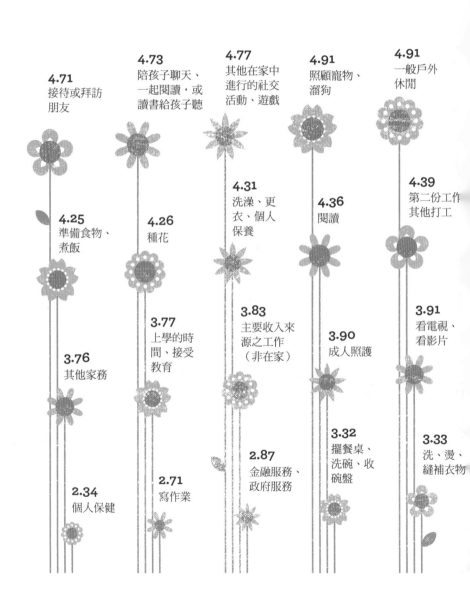

4.71 接待或拜訪朋友

4.73 陪孩子聊天、一起閱讀，或讀書給孩子聽

4.77 其他在家中進行的社交活動、遊戲

4.91 照顧寵物、溜狗

4.91 一般戶外休閒

4.25 準備食物、煮飯

4.26 種花

4.31 洗澡、更衣、個人保養

4.36 閱讀

4.39 第二份工作、其他打工

3.76 其他家務

3.77 上學的時間、接受教育

3.83 主要收入來源之工作（非在家）

3.90 成人照護

3.91 看電視、看影片

2.34 個人保健

2.71 寫作業

2.87 金融服務、政府服務

3.32 擺餐桌、洗碗、收碗盤

3.33 洗、燙、縫補衣物

5.24
派對或聚會

5.24
參加體育
活動

5.32
打獵、釣魚、
划船、爬山

5.33
聽音樂
（CD等）

5.41
和小孩玩

4.97
禱告、宗
教活動

5.0
咖啡廳、
酒吧

5.02
外出購物

5.06
購買個人
服務

5.09
運動、健身

4.40
放鬆、冥
想、無所
事事

4.47
點心、
零食

4.54
年紀較大
之兒童的
一般照護

4.55
聊天、講
電話、傳
訊息

4.66
走路

3.93
其他孩童
照護事宜

3.99
使用電腦

4.02
外出休閒
或其他

4.03
購買日常
用品

4.22
一般志工
服務

3.46
手寫字

3.47
在家上班

3.50
家電修繕、
汽車保養

3.67
購買醫療
服務

3.72
打掃

CHAPTER TEN

————

哥本哈根尋HYGGE

HYGGE之旅

如果你打算造訪哥本哈根，不妨到這些Hygge景點走走。

新港（Nyhavn）

　　這區早期治安不好，有很多粗魯的跑船人還有「站壁的」。今天的新港餐廳林立，你可以在此嚐到醃鯡魚和Schnapps酒。如果你不熱衷此道，也可以趁好天氣時，學當地人到商店買些啤酒，上船倚著舷牆板，遊覽哥本哈根。

La Glace

　栽入鮮奶油裡吧。記得蛋糕的重要性嗎？如果有蛋糕朝聖之路，La Glace就是終點那座西班牙聖地牙哥大教堂（Santiago de Compostela Cathedral）。La Glace於一八七○年開幕，是丹麥歷史最悠久的甜品店。

蒂沃利樂園（Tivoli Gardens）

　　一八四三年開幕的蒂沃利樂園是哥本哈根著名的景點，不少市民都會購買樂園年票。許多人選擇在夏天造訪，不過在聖誕節和新年（通常是從十一月中一直到一月），Hygge氛圍才最為濃厚。屆時樂園會展示美麗的燈光，成千上百個燈飾讓蒂沃利搖身一變，成了漆黑冬季中的魔法樂園。你可以在園內的營火附近享用香料酒，或在尼布酒吧（Nimb）中的壁爐旁取暖。

克里斯欽港（CHRISTIANSHAVN）划船

克里斯欽港位於哥本哈根市中心，但是內港（Inner Harbor）隔開了克里斯欽和市中心的其他區域。克里斯欽港有很多小運河，可能會讓你想起阿姆斯特丹。體驗這一區最好的方式就是租條小船，在運河中徜徉。記得帶上毛毯、酒，還有野餐籃。

葛雷弟兄修道院廣場（GRÅBRØDRE TORV）

　　此區古建築林立，讓人彷彿置身好幾十世紀以前。這個Hygge味滿點的廣場以建於一二三八年的葛雷弟兄（Grå brødre）修道院聞名，廣場上有許多舒適的氣氛餐廳。Peder Oxe餐廳有壁爐，可以窩在爐火邊享用傳統的丹麥開放式三明治。廣場上的一間理髮廳也有壁爐（店裡還有一隻法國鬥牛犬，剪頭髮時會窩在客人大腿上睡覺），超級Hygge。運氣好的時候還可以看到有人在廣場上烤全豬。

VÆRNEDAMSVEJ大街

　　Værnedamsvej街上熙來攘往，車子必須在單車和人群間穿梭。這條短短的街道會讓你想放慢腳步，聞聞花香、咖啡香。花店、咖啡廳、酒吧和室內設計商店林立，把這裡變成了慵懶的Hygge午後最佳去處。

丹麥開放式三明治（SMØRREBRØD）商店

　　Smørrebrød直譯為「攤開的麵包」，是以裸麥麵包做成的開放式三明治。丹麥人超喜歡裸麥麵包，出國最想念的東西也是它。不過有些住在丹麥的外國人稱它為「惡魔的脫鞋」，因為他們很不喜歡裸麥麵包的味道，也覺得咬不動。不論如何，開放式三明治的確是丹麥的傳統午餐。開放式三明治的配料選擇沒有限制，從鯡魚到生牛肉、雞蛋、海鮮，都可以，有些三明治的名稱也相當有意思，如：「獸醫的宵夜（Veterinarian's night food）」。開放式三明治通常會和啤酒或Schnapps酒一起享用。哥本哈根市區有很多傳統開放式三明治店，來一份當午餐，Hygge滿分。

圖書館酒吧（LIBRARY BAR）

　　圖書館酒吧位於中央車站附近的廣場酒店（Plaza Hotel）內，於一九一四年開幕。酒吧內有沙發、木鑲板、真皮精裝的書籍，以及非常Hygge的燈光。圖書館酒吧不時會有現場音樂演奏，但沒有活動的夜晚則非常安靜，適合來這裡深聊。聖誕節時來訪，還可以看見店內天花板上倒掛著一棵聖誕樹。

CHAPTER ELEVEN

聖誕節

一整年最Hygge的時刻

對許多人來說，聖誕節是一個美好的節日，丹麥人也不例外。不過僅用「美好」來形容聖誕，就顯得太過詞窮了。請世界各地的人用一個詞形容聖誕節，大概會出現「幸福」、「歡樂」、「溫暖」、「窩心」等形容詞。丹麥人當然也同意，不過他們還會追加：「還漏了一個最貼切的詞──Hygge！」

在丹麥，一年之中有那麼一個月的白晝之短，短到若能瞥到一眼陽光就該偷笑了。在濕冷的天氣中騎著腳踏車往返辦公室，你不禁會懷疑怎麼會有人想要定居丹麥。雖然丹麥氣溫不至於冷到零下三十度，也沒有颶風、海嘯的侵襲，但住在這裡的確會覺得氣候之神是否不太喜歡丹麥人，所以一年當中要有這樣一個月，把我們放在悲慘難受的環境當中。

　說了這麼多，十二月仍是丹麥最Hygge的月份。丹麥人拒絕讓天氣或大自然決定他們的心情和幸福。所以，與其進入冬眠模式（在濕冷的十二月早晨聽起來的確誘人），丹麥人決定要自己創造幸福。

雖說一年四季都可以享受Hygge，一年之中卻僅有這一個月，Hygge是一切的重心。對丹麥人來說，如果不能創造Hygge，任何聖誕計畫都是枉然。栗子、壁爐；親朋好友聚在餐桌上享用美食；紅色、綠色、金色的佈置；聖誕樹散發出的新鮮松香、大家朗朗上口的聖誕歌謠；去年、前年、大前年始終如一的電視節目──這些是世界各地大家熟知的聖誕節元素。美國達拉斯和法國德爾班（Durban）的人都會唱《Last Christmas》；愛爾蘭都柏林和阿拉伯杜拜的人也都知道《聖誕夜怪譚》的故事。丹麥人當然也一樣。

　丹麥當然也有自己獨特的聖誕傳統，但整體來說，丹麥聖誕節的各種活動和德國、法國、英國的聖誕節都大同小異。

　話說回來，丹麥的確有其特別之處，丹麥聖誕節的規劃設置全都繞著Hygge打轉。一年中就這個月份，丹麥人最常提起Hygge。真的，大家都不放過任何討論Hygge的機會。可作形容詞、動詞的複合詞「Julehygge」（聖誕Hygge）當然也經常被掛在嘴邊。「要不要來我家一起Julehygge？」

　接下來的篇幅裡，我會試著列出正統丹麥Hygge聖誕的配方。要打造完美的丹麥聖誕節絕非易事，丹麥人相當重視聖誕節，可能也會有很多丹麥人不同意我的聖誕配方，不過，我想每個人至少都可以從我的配方中找出一兩個共鳴。

親朋好友是關鍵

每年十二月中，丹麥人就要來場大遷徙。住在哥本哈根的丹麥人會收拾行李，帶上一堆禮物，跳上火車，準備回老家。

一個Hygge聖誕節始於親友、終於親友。我們在親朋好友身邊會覺得安心、感到自在。這群人很了解我們，因為愛，我們也喜歡跟親友膩在一起。這裡又再一次證實了，社群人際關係的品質是幸福的重要指標。

在日常生活中，多數人都覺得能與所愛之人相處的時間太少了。聖誕節就是個聯絡情感的好機會，大家聚在擺滿美食的餐桌前享受人生、享受彼此的同在，這就是Hygge聖誕節最關鍵的配方。當然，世界各地的人過聖誕也都是親友團聚，但是只有在丹麥人的家裡，聽見有人說「這超Hygge！」後所有人才會同時鬆一口氣。在那一刻，主人和賓客都知道聖誕佳節開始了，因為Hygge的氛圍來了。

要辦一場Hygge聖誕節，親友不是唯一配方，雖然大多數人只有在佳節才能見到親朋好友，但是說真的，隨時要見也都可以見。

聖誕節的傳統元素

美食

要讓聖誕假期充滿Hygge是有些慣例、傳統需要遵守的：要有正確的佈置，美食和活動得先準備好，才能有個道地的Hygge聖誕節。

首先，必須得要有食物：丹麥食物、重口味的丹麥美食。如果你花點時間上網找主題套餐，一定能找到包羅萬象的各種新奇餐點。有些套餐只有肉；有些以油脂為主；有些是流質餐，也有都是澱粉或完全沒有澱粉的餐點，還有全素食，甚至有人只靠陽光過活。但是，我目前還沒看過以丹麥聖誕美食為主設計出的套餐。

聖誕大餐的主角是肉——烤豬或烤鴨，通常兩者都有。肉類會搭配水煮馬鈴薯，馬鈴薯上蓋著焦糖化的配菜、酸甜紫甘藍、肉汁，還有醃黃瓜；有些人還會搭配奶油煮高麗菜、香腸和各種麵包。

餐後甜點是丹麥發明的傳統點心——杏仁米布丁（丹麥文risalamande，借用法文的ris à l'amande，聽起來比較高級）。杏仁米布丁裡面一半是發泡鮮奶油，一半是水煮米，搭配切碎的杏仁，上面再淋上熱櫻桃醬。享用杏仁米布丁不只是舌尖上的盛宴，更是一場社交活動，因為裝著甜點的大碗裡藏著一顆完整的杏仁，待人發掘。

通常每個人都拿到分好的米布丁後，整間屋子便會陷入一片死寂。大家你看我、我看你，氛圍好似在打牌或是西部槍戰對決，一點都不像聖誕節。「杏仁在誰那裡？」吃到杏仁的人可以得到一份禮物。這時就有人會開始說：之前每次都是他吃到，運氣真好（很奇怪，真的好像有些人總是特別幸運，老是吃到杏仁）。

接著，打破沉默的便是：「是你吃到杏仁了吧？」、「你藏起來了對不對？去年也是這樣。」這個遊戲的重點就是找到杏仁的人要演戲，假裝沒吃到，讓其他人努力把所有米布丁吃完，真是個有點變態的大胃王競賽。聖誕佳節期間，吃甜食本身就成了很Hygge的社交活動。聽起來很好吃吧？你一定要試試。不過還好這種活動一年只有一次，不然身體真是無福消受。

佈置

　　Hygge聖誕節一定要有正確的佈置。每個家庭的佈置可能會比各自的食物更能凸顯自家的特色，因為每戶人家都有從父母、祖父母流傳下來的佈置風格——原則上應該都會有聖誕小精靈（聖誕小矮人）、小動物、聖誕老人、耶穌誕生相關人物的小人像、短號，還有亮面色紙交織摺成的「聖誕心」。

　　亮面色紙愛心在丹麥以外的地方很少見，這種愛心起源於剪紙大師安徒生。做法是將兩張雙層的亮面色紙剪成需要的形狀，而後交疊編成愛心形狀。聖誕心有各種顏色和圖案，每個丹麥人一定都至少會摺基本款。（235頁有聖誕心摺紙教學）。

　　再來就是蠟燭（當然啦）。在丹麥，十二月待在家中的時間百分之百都是黑夜，所以就需要各種不同光源，蠟燭是很Hygge的光源。丹麥的聖誕蠟燭叫「聖臨蠟燭」，蠟燭上印著數字，有點像皮尺，從十二月一日一直標號到二十四日。

　　每天要燒掉蠟燭上相對應的一格。不過，幾乎沒有人會獨自點聖臨蠟燭，點蠟燭的時機通常都是在早上父母趕大家去上班上課時，或是晚上黑夜再度來臨，全家人聚在餐桌前的時候。聖臨蠟燭的燭光就是全家人的中心，不但實際在餐桌上標出中心點，也標出了大家相聚的時間。除此之外，聖臨蠟燭滿足了丹麥人倒數聖誕節的癮。

Hygge倒數計時

丹麥人倒數年度Hygge盛事當然不只靠聖臨蠟燭。每個丹麥小孩都會有「聖臨日曆」，每天翻開當日的日期，看看藏在後面的聖誕小物。

豪華版的聖臨日曆是木頭或紙板製成的，上面有許多小格子，裡面放了聖誕裝飾球或糖果。有些家庭甚至會準備「禮物日曆」，孩子在聖誕節之前的每一天都可以拿到一個小禮物，聖誕節當天還可以拿到更多。

另外還有「電視日曆」。「電視日曆」大部分是兒童節目，這樣小朋友在期盼聖誕節到來時，就多了一項Hygge的消遣。每年幾乎所有電視臺都會有自己的「聖臨日曆特別節目」——播放二十四集跟聖誕節有關的連續節目，一天播一集，二十四號則達到情緒最高點，當天父母也會忙著做聖誕節的最後準備。

為了強調聖誕節是年度的Hygge盛事，電視臺每年都會請出小精靈隆德（Lunte）用「Hyggehejsa」（Hygge你好）向觀眾問好。每年電視臺都會推出新的「電視日曆」，同時也會重播經典節目。小朋友看著電視放鬆大笑的同時，你會看見大人在一旁瞄著螢幕，一邊綻放發自內心的微笑，想起自己小時候也是看著一模一樣的節目片段，等待聖誕節的到來。

這些活動本身就很Hygge，同時也是不可或缺的聖誕節傳統。傳統是Hygge的重要元素，它能幫助我們想起曾經與親朋好友共度的好時光，傳統慣例活動中也藏著聖誕氣氛及Hygge的氛圍。少了這些活動，節日就不完整了，聖誕也就不聖誕了。

拼命是為了放鬆

讀了這麼多丹麥聖誕節的必備元素，是不是有點喘不過氣？我懂。
我列出的這些必備元素的確會讓準備Hygge聖誕節，變成一件很有
壓力的事。

　　如果參與的人感受不到Hygge，便會覺得哪裡不對勁，聖誕節也
就毀了。打造一個Hygge聖誕節其實壓力很大，準備過程也一點都不
Hygge。

　　我知道這聽起來有點矛盾，但其實很合理。Hygge的存在建立在相反
的事物上，和生活中不Hygge的元素兩相對比，Hygge就成了幫助我們
暫時脫離討厭的日常的安全閥。總是要有不Hygge的因素存在，Hygge
才更顯珍貴。我們的生活壓力很大，生活也充斥著各種危險、不公，並
且總是繞著金錢和社會地位打轉，但是在片刻的Hygge之中，生活可以
跟這些東西完全脫鉤。

　　還記得我朋友的話嗎？他說唯有屋外的狂風暴雨，才能讓此刻更顯
美好。這就是Hygge。越能從現實生活的險惡環境中逃離出來，享受當
下，Hygge就越珍貴。

這樣說來，若是沒有聖誕節前夕一陣兵荒馬亂的準備工作，就不可能在聖誕節享受Hygge。意識到準備過程中所花費的金錢、承受的壓力，還有待處理的事項，才能讓聖誕節達到Hygge最高峰。要享受Hygge就需要冗長的前置作業——知道親朋好友整個十二月都忙著為團聚做準備，而不是埋首工作、努力賺錢，或汲汲營營搞些身外之物，這就是Hygge。

但是聖誕節也有一些會威脅到Hygge的時刻。Hygge的精髓就是放下日常生活中的一些堅持，例如：金錢。交換禮物就很可能玷汙最純粹的Hygge精神。

交換禮物可能會讓某些人覺得自己的社會地位被凸顯或被暴露了。收到特大禮會讓人感到有些虧欠，而包了特大禮又會遭白眼，讓人覺得你太過自負。Hygge不歡迎權力地位。在丹麥，聖誕Hygge講求平等、注重人際關係及群體，這不是個人表現自己的時刻。如果有人被排擠，或有人自視甚高，就沒有辦法好好享受Hygge。

所以要規劃一個完美的聖誕節，除了需要本章提到的所有元素以外，還需要降低交換禮物帶來的風險，施與受之間必須達到平衡。所幸交換禮物之後還有好幾天沒有禮物威脅的Hygge小日子，大家一起吃吃喝喝、等待新年（雖然準備新年的過程又需要犧牲Hygge）。

ÆBLESKIVER
(EH-BLEH-SKI-VER)

丹麥鬆餅球

丹麥鬆餅球是丹麥傳統聖誕點心。記得要跟香料酒一起享用（香料酒食譜見94頁）。製作鬆餅球需要特殊的鍋具（æbleskiver pan），可以上網買到。

4-6人份

- 雞蛋3顆
- 鮮奶450毫升
- 麵粉250公克
- 糖1大匙
- 鹽¼茶匙
- 小蘇打粉0.5茶匙
- 融化的奶油3大匙
- 糖粉,盛盤用
- 果醬,盛盤用

---

1. 均勻混和蛋黃、鮮奶、麵粉、鹽和小蘇打粉。蓋上蓋子,靜置30分鐘。

2. 靜置麵糊後,將蛋白打至硬性發泡,然後輕輕拌入麵團中。

3. 預熱鬆餅球專用鍋,在每個凹槽裡放入一點點奶油。在凹槽中倒入麵糊,約¾滿,以中火加熱。加入過程中持續翻面,讓鬆餅球均勻受熱。此過程平均費時5至6分鐘。底部顏色變深成型後,頂部仍呈液狀時翻第一次面,可以使用縫衣針或烤肉叉子輔助。

4. 趁熱搭配糖粉和你最愛的果醬享用。

聖誕心

色紙編織的聖誕心，一直都是丹麥傳統聖誕樹的裝飾。

聖誕心的由來目前仍無人知曉，但是我們知道最早的紙編聖誕心於一八六〇年出自安徒生之手。那顆聖誕心目前還保存在博物館中。二十世紀早期，製作聖誕心的活動開始流行起來，其中一個原因大概是因為用亮光紙編愛心可以訓練小孩的手指靈活度。直到今天，有小孩的家庭仍然會在十二月某個週日午後，花點時間製作聖誕心。

如何製作聖誕心？

　　你需要：兩種不同顏色的亮面色紙（書中選用紅色和藍色）、一把剪刀、一支鉛筆，還有一點耐心。

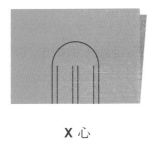

X 心

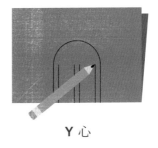

Y 心

STEP 1

　　將所有的亮面色紙對摺。（如果是單面色紙，有顏色的面朝外）。

　　在摺好的色紙外側畫上U型和四條裁線（一個X心、一個Y心）。U型的直線處要與色紙邊平行。

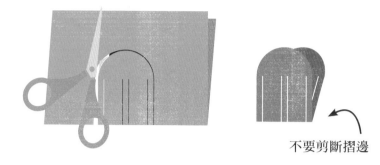

不要剪斷摺邊

STEP 2

　　剪下紙上的U型，裁線部分也要剪開。每種顏色各剪下一張。剪下的色紙各有五條兩層的紙條。

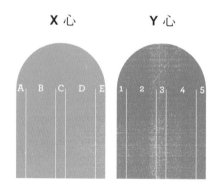

X 心　　　　Y 心

A B C D E　　1 2 3 4 5

STEP 3

　　編紙條時只有兩種走法：可以讓X的一條雙層紙條穿過Y的雙層紙條，或是讓Y的雙層紙條穿過X雙層紙條中。隔壁的紙條交錯著走，也就是說，第一條紙條X若是穿到Y紙條裡，隔壁的X紙條就要讓Y紙條穿過。

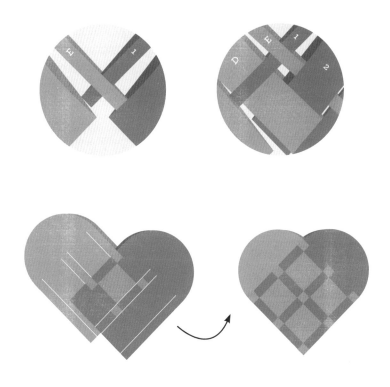

編織聖誕心時，藍色紙的紙條1要穿過紅色紙的紙條E；紙條D要穿過紙條1；紙條1穿過紙條C；紙條B穿過紙條1；紙條1穿過紙條A。

編好後用紙條2重複相同動作，但是開始時順序要倒過來，先將紙條E穿過紙條2。

紙條3比照紙條1的方式編入；紙條4比照紙條2；紙條5比照紙條3和紙條1。

紙條5穿過紙條A時，聖誕心就完成了。現在，你就是個合格的丹麥人了。

—

CHAPTER TWELVE

夏日HYGGE

生活很簡單

雖然夏天用不到蠟燭和火爐，不過也一樣可以很Hygge。夏日是修整好的草坪的氣味、是黝黑的皮膚、是防曬油，是海水。

　夏日是在樹蔭下閱讀、夏日是在夜晚享受白晝、夏日是和好友一起站在爐邊烤肉。夏日不是沒有Hygge，只是夏日Hygge和秋冬Hygge有著不同的風情和面貌。夏天要好好利用陽光、溫暖和自然，而這樣的Hygge仍然需要美食和同伴。以下是夏日Hygge的五個小訣竅。

1. 把蘋果酒變成家常

　　很少有什麼活動比在果園採水果還要Hygge。我和一些朋友一年會去一次法伊島（Fejø，丹麥南部的小島，盛產小蘋果）。法伊島上有一排排的蘋果樹和李子樹。夏末的法伊島正是Opal李子和Filip-pa蘋果熟成的時候。

　　在果園採一整天的水果，然後就可以再花個一天享受製作果醬的過程，或保存其他自採水果的Hygge時光。今年我想要做蘋果酒，也許可以趁著前面提到的存糧派對的機會來做。

*英國、美加和紐澳鄉間也都有許多開放民眾自己動手採水果的果園。

2. 邀請親朋好友來烤肉

　　點燃烤肉爐的那一刻，Hygge馬上就來了。全世界最常見的Hygge活動就是烤肉。邀請親朋好友一起來家裡烤肉吧。點燃烤肉爐，等待炭火變熱的時間可以來場槌球，或是維京人傳統遊戲Kubb（基本上就是用棍子打棍子）。

3. 加入社區菜園工作

　　近幾年，到處開始出現社區菜園。這也不意外，因為社區菜園可以把小鎮的Hygge風情帶到大城市中。一邊照顧番茄一邊和其他照顧菜園的人聊天，不僅Hygge，更是紓壓。此外，社區菜園也可以把大家聚在一起，聯絡社區感情。何樂而不為？

　　打造社區菜園是幸福研究機構提出的計畫之一。那時我們在哥本哈根附近的一個小鎮，希望可以提出一些方案來強化社會構造，減少社區中的隔絕感、孤獨感。這個想法非常不錯，所以後來我決定自己試著打造一個小菜園。

　　我們的辦公室對面有間教堂，教堂無人使用的空地可以規劃成大約二十個小菜圃。我們於是訂了七噸的土壤，花了一個週日下午打造菜園，當然，結束後我們也舉辦了烤肉會，讓Hygge氛圍達到最高峰。

4. 海邊野餐

美好的夏天最適合走訪附近的農夫市集，添購草莓、櫻桃和西瓜，再來些麵包和乳酪，就相當完美了。邀請幾個朋友或你的另一半到海邊找個位置吧。這是整個夏天都可以使用的超級Hygge妙方。在聊天、閱讀還有無所事事的閒適中，一天很快就過去了。

5. 騎著載貨腳踏車去兜風

探索一個城市或社區最好的方式就是騎腳踏車。我知道,因為我是哥本哈根人,我可能對腳踏車有點偏執。如果你運氣好(我就運氣很好),朋友恰巧擁有一輛載貨腳踏車,你可以跟他們借來騎個一天。把你的孩子、好朋友、小狗,或遠方來的朋友放在載貨箱裡(建議一次不要超過兩個人),騎車出去晃晃吧。當然你也可以散步或開車,但是載貨腳踏車可以說是Hygge的移動城堡。

帶上幾個靠枕、一條毛毯、零食、音樂,還有一個野餐籃——你喜歡什麼就帶什麼。這是夏日午後最好的休閒,但是只要有暖和的毛毯和毛衣,一年四季都可以這麼玩。其實有一年冬天,我載著一個美麗的瑞典女生穿梭在哥本哈根的聖誕燈飾中,我想追她,但還是失敗了。她說「時機不對」(說是這樣說,但我知道不管翻譯成哪國語言,這句話的意思其實就是「我沒那麼喜歡你」)。不論如何,我非常確定她拒絕我的原因,絕對不是因為那次約會不夠Hygge。

腳踏車與幸福

除了Hygge、安徒生、樂高，還有丹麥風格的設計外，丹麥人也以熱愛腳踏車聞名。

丹麥的最高點不到海拔兩百公尺，哥本哈根又花了很多經費打造腳踏車騎士專用的公共設施，自然而然催生了很多腳踏車狂熱份子（150%至180%的汽車牌照稅可能也有點貢獻）。

總之，丹麥人對腳踏車相當痴狂，也熱愛騎車。在哥本哈根，住在市區內並且在市區內上學、上班的人，45%的人都以單車往返學校或公司。大約有三分之一住在市區外但在市區內上班的人，選擇騎腳踏車往返。我想多數人應該都同意，騎腳踏車通勤是在日常生活中多少運動一點的好機會，對環境有助益，還不傷荷包。不過這不是哥本哈根人騎腳踏車的原因，我們騎腳踏車是因為方便。腳踏車是從A點到B點最快的方法。不過腳踏車還有一項好處，可能很多人都沒有想到：騎腳踏車心情好。

英國東英吉利大學諾里奇醫學院（UEA Norwich Medical School）和約克大學（York University）健康經濟中心於二〇一四年進行了一項綜合研究，他們對一萬八千名通勤的成人進行長達十八年的調查，發現比起開車或搭乘大眾交通運輸工具上班的人，騎腳踏車上班的人比較快樂。

　你可能會想，又不一定是因為騎腳踏車才讓這些人比較快樂，這之中的因果可能正好相反——或許是比較快樂的人比較喜歡騎腳踏車。沒錯，這個觀點很有趣。但是學者在分析這項研究的相關數據時，發現這些年當中，原本開車或坐公車通勤的人，改騎腳踏車或走路通勤之後，變得更快樂了。若要再進一步說服你試試腳踏車，加拿大蒙特婁麥基爾大學（McGill University）的研究也發現，騎腳踏車上班的人對通勤的滿意度比較高，雖然花的時間比較長。

如果幸福快樂不足以說服你騎腳踏車，那麼我再告訴你，根據荷蘭（荷蘭人也愛腳踏車）烏特勒支（University Utrecht）大學的研究，不開車，每天改騎腳踏車通勤，可以延長壽命三至十四個月。另外還有一份丹麥的研究結果顯示，騎腳踏車上學的兒童比大人開車接送上學的兒童精瘦（這研究結果應該不意外）。

　　你可能會說：「好，所以騎腳踏車可以帶來健康快樂，但是健康快樂又怎樣，又不能換來財富。」如果你真這麼想……接下來我要說的你可能也沒興趣聽了，但總之：一人騎車眾人贏。騎腳踏車對整個社區都有好處。

　　騎腳踏車不僅對個人的健康快樂有幫助，更是鄰舍共榮感的指標。二〇一二年瑞典有一份研究，針對超過兩萬一千人進行調查，發現開車的人通常較少參加社區活動和家庭聚會。而且，汽車駕駛通常比較不容易信任他人；選擇走路或騎腳踏車通勤的人，參加較多聚會，也比較容易信任別人。

　　這並不是說立刻拋棄汽車、改騎單車就可以馬上增加你對他人的信任。這項研究的學者認為通勤距離才是關鍵。廣大有彈性的勞動市場，讓很多人喜歡往遠處找工作，也就是說，人們的社群網絡往外地擴張，會減低社區的歸屬感和參與感。換句話說，如果一個城市的都市規劃使市民願意開很久的車到遠處工作，該市的社會健康就會受到威脅。若一個城市有很多人騎腳踏車，大概就可以推論這個城市非常健康。這是都市規劃時不可忽略的重點，如此才能凝聚社區意識，建立鄰社信賴感。

CHAPTER THIRTEEN

HYGGE的五感

雖然Hygge是個難以解釋的抽象概念，但我相信人類的五感是可以偵測到Hygge的。Hygge有味道、有聲音、有氣味、有質地——最後，希望你也能開始觀察到生活裡的Hygge。

Hygge的味道

味道是Hygge中一項重要的元素，因為味道和吃東西有關，而吃下肚的東西還不能太新潮、顛覆傳統，也不能過於刺激。

　　Hygge嚐起來十之八九是熟悉、甜蜜、有安撫作用的好味道。如果想增添一杯茶的Hygge風味，可以加入蜂蜜；如果想增添蛋糕的Hygge風味，可以灑上糖粉；而如果想要增添燉肉的Hygge風味，則可以倒入葡萄酒。

Hygge的聲音

燒木柴發出的劈哩啪啦的小聲響,大概是地球上最Hygge的聲音了。不過如果你住在公寓裡,在裡面生火可能會造成生命危險,那還是算了。

　　有很多聲音都很Hygge。事實上,無聲勝有聲,在安靜的環境中才能聽見細微的小聲音,像是雨點打在屋頂上、大風在窗外吹著,或是踩在木地板上的聲音。另外,畫畫、做飯或織衣服的聲音也都很Hygge。只要是在安全環境中能聽見的聲音,都可以收錄到Hygge原聲帶裡。舉例來說,當你在安全的室內,屋外雷聲大作就很Hygge,但如果人在室外又是另一回事。

Hygge的氣味

你是否曾經聞過某個味道，能帶你回到過去一段充滿安全感的時光或地點呢？或是曾經聞過什麼味道，那味道比零星片段的記憶更能喚起兒時對世界的感知？

甚或是有某種味道，能帶給你強烈的安全、安心感？像是烘焙坊的麵包香、兒時後花園蘋果樹的芬芳，或父母家中熟悉的味道？

每個人對Hygge氣味的定義不同，因為氣味和個人過去的經驗緊密相聯。對某些人來說，清晨的菸味再Hygge不過了；但對其他人而言，菸味可能讓他覺得頭痛、想吐。Hygge氣味的一個共通點是：聞起來會讓人覺得安全、覺得被關心。人類用氣味分辨東西是否可以食用，也能藉由氣味知道一個地方是否安全，是否需要提高警覺。聞到Hygge的氣味，你便知道現在可以完全放下戒心——煮飯的氣味、個人在家專用的毛毯的氣味，或是某個你認為安全的環境的氣味，全都很Hygge，這些氣味能引我們進入一個感到絕對安全的狀態。

Hygge的觸感

前面已經提過──手指輕拂木頭表面、溫暖的瓷杯，或是麋鹿皮毛，都可以帶來Hygge的幸福感。

花很多時間做成的老舊自製物件，肯定比市售商品或新品更有Hygge風情。小東西也比大物件Hygge。如果「大便是美」可以代表美國，那麼「小便是Hygge」可以代表丹麥。

哥本哈根幾乎所有的樓房都不超過三、四層樓高。水泥、玻璃、鋼筋蓋成的新大樓跟充滿Hygge元素的舊公寓完全沒得比。所有仰賴工藝技術做成的物品，像是木製品、陶瓷製品、毛料品、皮製品都很Hygge。亮晃晃的金屬和玻璃不Hygge，除非它們的年代夠悠久；破舊的物品，或是容易被歲月摧殘的物件，其原始粗糙的表面觸感非常Hygge。此外，在寒冷的天氣中待在溫暖的室內，與原本就溫暖宜人的天氣也有所不同──前者是一種在惡劣環境中的舒適感。

眼見為憑

前文談過──Hygge很講究光線，太亮就不Hygge了。但除此之外，Hygge也很講求「慢慢來」。

可以花點時間觀察緩慢的事物，像是輕輕飄下的雪（也就是因紐特人說的aqilokoq），或是溫吞的營火火焰。簡言之，自然界中緩慢發生的事物和自然偏深的顏色都很Hygge。窗明几淨的醫院，或是高速公路上快速奔馳的車陣都不Hygge。Hygge是昏暗、是樸實、是慢慢來。

Hygge的第六感

Hygge是安全感，換言之，Hygge就是對身邊的人以及周遭環境的信任。

Hygge是一種愉悅感，這種愉悅感可能來自於某人要你相信自己的直覺，或當你擴展了自己的舒適圈，讓別人進來，而跟這些人在一起也讓你可以自在地呈現最真實的自己。

Hygge可以吃、可以聽、可以聞、可以摸、也可以看，但最重要的是，Hygge可以感受。本書一開始我提到小熊維尼，他的名言一點都不假：不要去想怎麼寫「愛」這個字，要去感受。本書要討論的最後一個重點——幸福——也是如此。

—————

CHAPTER FOURTEEN

HYGGE & 幸福

今天，世界各地許多政治領袖都急於探索一個問題：為什麼有些社會的人比較快樂。同時，有些國家也著手開始評量自己是否是一個成功的國家，這裡的成功指的並不單是經濟成長，還包含了人民生活的改善——不只是探討生活水平，也探討生活品質，因為近年來GDP已經漸漸無法反映國家整體的成長了。不過這也不是什麼新的概念，早在四十年前，羅伯特·甘迺迪（Robert Kennedy）就曾說：

「GDP沒有考量到孩童的健康、教育品質，或他們玩得是否開心；從GDP無法看出詩詞之美，或婚姻之堅貞；GDP不能反映人民的辯才無礙，或政府官員的清廉自守……簡言之，雖說從GDP可以看出很多事情，卻看不出賦予生命價值的重要事物。」

近年來，這個觀念使得越來越多人想要更深入了解幸福，相關研究的數量也大幅增加，而在各項研究中，丹麥的幸福指數屢屢奪冠。二〇〇九年，《紐約時報》一位記者寫道：「幾乎每一年都有新的研究指出丹麥是幸福強國」。從那時開始，丹麥的幸福實力更是越來越強大。

聯合國委辦的世界幸福報告目前已經出版了四次，四次當中，丹麥有三次奪冠，只有一次退居第三。除了世界幸福報告以外，還有許許多多的相關調查都指出，丹麥和哥本哈根是最幸福、最適合人居之地。

經濟合作暨發展組織（OECD）對生活滿意度的調查，以及歐洲社會調查對幸福的研究結果也都指向丹麥，《Monocle》雜誌更是數度評選哥本哈根為世界上最適合居住的城市。現在，只有在丹麥從幸福排行榜冠軍寶座跌落時，才能算是新聞。此外，多數丹麥人聽到丹麥是世界上最快樂的國家時，臉上總是難掩一抹笑意。丹麥人深知，若把天氣因素納入考量，他們絕對不會排名第一；二月的早晨、塞在車陣中的丹麥人，怎麼看也不像世界上最快樂的人。

那麼，丹麥人到底為什麼這麼幸福？

丹麥幸福指數排行榜

第一名
2016年
世界幸福報告

第三名
2015年
世界幸福報告

第一名
2015年生活滿意度
經濟合作暨發展組織
美好生活指數

第一名
2014年
歐洲社會調查

第三名
2014年生活滿意度
經濟合作暨發展組織
美好生活指數

第一名
2013年
世界幸福報告

第五名
2013年生活滿意度
經濟合作暨發展組織
美好生活指數

第一名
2012年
世界幸福報告

第一名
2012年
歐洲社會調查

幸福快樂的丹麥人

―――――

如同前面說到的，各種國際調查時常把丹麥列為地球上最快樂的國家，因此引起幸福研究學者對丹麥的興趣：丹麥高幸福程度背後的原因到底是什麼？

　　幸福研究機構的一篇報告《幸福快樂的丹麥人――挖掘丹麥高幸福指數背後的原因》可能可以回答這個問題。簡言之，原因五花八門。某些人或某些國家比較快樂的原因可能有：遺傳、人際關係、健康、收入、工作、存在價值感，還有自由。

　　但是，丹麥人在國際幸福調查中名列前茅的主要原因是「社會福利」。丹麥的社會福利有效減輕了國民的不確定感、煩惱和壓力。你可以說丹麥是全世界最快樂的國家，或是反過來說，丹麥是全世界最不憂愁的國家。丹麥的社會福利制度相當完善（並不完美，但很完善了），也因此成功地消弭人民的不安。免費的全民健保、大學教育，還有相對大方的失業補貼，都可以大幅降低不快樂感。這對社會經濟地位較低的人影響較大――跟其他富裕國家低層人民相比，丹麥社會低層的人民要幸福得多。

另外，丹麥人很信任別人（看看咖啡廳門口的嬰兒推車就知道了，父母進店裡喝咖啡，就直接把推車留在外面），比較能隨心所欲（報導指出，丹麥人認為自己對生活的掌控度算高）。丹麥還有健康、良善的政府，以及運作良好的公民社會。

話雖如此，北歐其他國家也都和丹麥一樣有這些元素。挪威、瑞典、芬蘭和冰島也都享有相對高品質的社會福利，所以北歐國家通常都能盤踞幸福排行榜的前十名寶座。可能是Hygge把丹麥和其他北歐國家做出了區隔吧，我想Hygge和幸福之間應該有些關聯，因為Hygge就是丹麥人的日常小確幸，而構成Hygge的許多元素也的確可以帶來幸福感。現在就讓我們一起來看看其中幾項元素。

Hygge是社會支持

究竟為什麼有些國家比較快樂？從前面的討論中，大概已經可以歸納出約四分之三的原因——例如慷慨、不受拘束、國內生產總值、良善的治理、健康長壽等。但是，對幸福影響最大的因素其實是「社會支持」。

社會支持的意義很簡單：當你有需要時，是否可以在自己的人際網絡中找到可以依靠的人？能，或不能？用這個方式來評估社會支持可能不夠完善、不夠嚴謹，但是在世界幸福報告中，很多國家都使用這個方式來評估社會支持。

丹麥高幸福指數的其中一項原因是工作和生活的平衡。在工作和生活中取得平衡，才有時間和親朋好友相聚。根據經濟合作暨發展組織的美好生活指數調查，和其他成員國的國民相比，丹麥人有比較多自己的時間；根據歐洲社會調查，33%的丹麥人認為自己經常處於心平氣和的冷靜狀態，德國人則是23%、法國15%、英國14%。

政策固然重要，但是，或許Hygge也提供了和心上人另一種特殊的相處模式。在同在感的章節裡，我們談到了人際關係、Hygge和幸福三者之間的關聯。

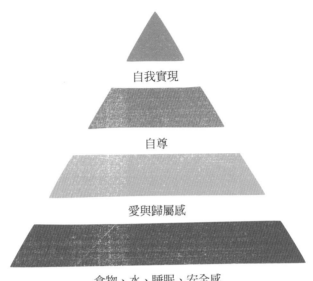

自我實現

自尊

愛與歸屬感

食物、水、睡眠、安全感

　　這個關聯不容小覷。一九四三年俄裔美籍心理學家亞伯拉罕・馬斯洛（Abraham Maslow）提出了需求理論金字塔，認為人類需要從金字塔底部開始往上滿足各種需求。人類最基本的需要是生理需求：食物、水、睡眠和安全感。接下來是社會需求，我們需要愛、需要歸屬感。若這兩層的需求沒有被滿足，我們就無法往上尋求自尊和自我實現。

　　今天的幸福研究學者在分析自認為幸福的個人時，發現這些人其中一個共通點是擁有有意義、正面的社會人際關係。也有研究指出，當一個人被社會排擠時，腦中活化的某些區域和身體不適時活化的區域是一樣的。

已發行四次的世界幸福報告一致指出，人際關係和幸福之間的關聯性。親朋好友和充滿愛的成人間的親密互動，都是邁向幸福的關鍵變數。除了貧困不堪的國家以外，人際關係品質對幸福的影響比財富還要大。

　　根據世界幸福報告，最重要的人際關係是與最愛的人之間的關係，放諸四海皆準。但是工作環境中、朋友之間，還有社區中的人際關係也不容忽視。人際關係的品質會影響幸福程度，不過這裡倒因為果也適用。研究顯示，較高的幸福程度可以帶來更好的人際關係。這可能是因為幸福感能增加社交意願，也能提昇現有人際關係的品質。另有實驗結果指出，心情較好的人比較願意參與社會、利社會活動。同樣的，世界幸福報告中一項針對一百二十三個國家進行的調查也顯示，在各種不同的社會文化地區中，正面的情緒對社群人際關係有正面的影響。

　　總而言之，過去幾十年來的相關研究都指出人際關係和幸福之間的重要關聯。比較快樂的人，親友人數比較多，關係也比較好。因此，良好的人際關係是幸福的因，同時也是幸福的果。這些研究結果顯示，在幸福的關鍵因素中，和身邊的人的關係是非常重要的一環。

　　這大概就是為什麼Hygge可能是丹麥人比別人幸福的其中一項原因。丹麥不僅有利於追求良好人際關係的相關政策，丹麥的語言和文化也促使丹麥人重視與親友相聚的時間，丹麥人也願意花時間發展良好的人際關係。

細細品味與感恩的心

在飲食的章節我們已經談過，Hygge就是給自己還有身旁的人一點「甜頭」。Hygge是享受當下，細細品味美食當前、好友環繞的簡單幸福。

Hygge是用心品嚐一杯加了鮮奶油的熱巧克力。換句話說，就是寵愛自己。Hygge重在當下，強調盡情地享受此時此刻。

品味其實就是感恩，沒有別的。我們不總是時常彼此提醒，沒有什麼事情是理所當然的。感恩不只是在收到禮物時說聲「謝謝」；感恩就是提醒自己要活在當下，專注於此時此刻，享受現在的人生，專注於所擁有的，不要去想自己所沒有的。老套？是啊！

無論如何，科學研究的確顯示：學著感恩可以創造幸福。

加州大學戴維斯分校心理學教授羅伯・艾曼斯（Robert A. Emmons）是世界上研究感恩首屈一指的學者。他指出，時常心懷感激的人不僅比不懂得感恩的人幸福，也比較樂於助人、善於原諒、較不注重物質享受。

在艾曼斯其中一項研究中，他訪問了超過一千位受試者，其中一些人被要求撰寫週記，記錄下值得感恩的事項。研究團隊發現，心懷感激對心理、生理和社會層面都有好處。撰寫感恩週記的受試者出現較多正面情緒——靈巧、熱情，這些受試者的睡眠品質也比較好、比較少生病，更容易注意到別人需要他們幫忙的地方。

研究也指出，心懷感激的人比其他人容易從創傷中復原，在不同的環境中，也比較不容易感受到壓力。這下應該不難明白，為什麼在日常生活中，心懷感激這麼重要了。

不幸的是，人類的情感運作模式比較喜新厭舊，我們很容易就適應了新奇的活動或事物，尤其是正面的事。所以我們需要一直有新鮮的事情才能一直保持感恩，免於陷在同樣的思維中。艾曼斯認為，感恩的心可以幫助我們退一步看看自己所擁有的事物的價值，更加珍惜這些事，才不會總是予取予求。

Hygge可以幫助我們每天保持感恩的心，因為Hygge就在於細細品味簡單的小幸福。Hygge是享受當下、為幸福做規劃，將幸福保存下來。丹麥人善於創造Hygge好時光，事後也會回頭仔細品味。

「懷舊也是Hygge的元素嗎？」本書其中一位平面設計師這樣問我。他稍微讀過幾章初稿，然後跟我約在哥本哈根Værnedamsvej的Granola咖啡館，討論書籍風格和視覺元素。一開始我不認同這個看法，不過後來越寫越覺得有道理。不管是重溫過去的Hygge好時光，坐在營火前、坐在法國阿爾卑斯山中小屋的陽臺上，或是散步回童年的夏日木屋，都讓我深陷回憶中，無法自拔。一邊回憶的同時，我也發現自己臉上掛著一抹微笑。

二〇〇六年十一月份的《人格社會心理期刊》（Journal of Personality and Social Psychology）收錄了一篇論文：〈懷舊：內容、觸發、功能〉（Nostalgia: Content, Triggers, Function），文中指出懷舊可以帶來正面情緒、強化被愛的記憶和感覺，同時提昇自信。所以，雖然幸福和Hygge都強調珍惜當下，但是幸福和Hygge也都可以預先規劃，並且能保存下來。幸福和Hygge都有過去、未來和現在。

Hygge就是日常的幸福

我研究幸福。每天我都會問自己一個問題：為什麼有些人比較幸福？

我聽說音樂家看到樂譜，腦子裡就可以自動生成旋律。我在看幸福研究的相關數據時，也有類似的體驗。我彷彿聽見幸福人生譜出的美妙旋律。我聽見親友圍繞、充滿意義的人生的快樂樂章。

但是有許多人對於幸福的測量持保留態度。測量幸福會遇到的其中一個問題是：每個人對幸福的看法不一致。我們試著從「幸福大傘」的角度來解釋，幸福是一個廣義的概念，而這把幸福大傘底下包含著許多不同的面向。所以，幸福研究機構、聯合國、經濟合作暨發展組織等機構試圖測量幸福、量化生活品質時，會從幸福的三個面向著手。

首先是「生活滿意度」面向：我們針對各國人民發放問卷調查，問受訪者：整體而言，你的生活滿意度有多高？或是從〇到十分，你有多幸福？退一步評估你的生活，想想你理想中的完美生活，還有你最無法忍受的生活方式，你現在站在這兩個極端中間的哪個位置呢？丹麥人在這個量表上得分最高。

再來可以探討「情緒」面向：人們每天會經歷哪些情緒呢？想想昨天，你生氣了嗎？難過嗎？孤單嗎？你昨天笑了嗎？覺得開心嗎？覺得被愛嗎？

第三個是「意義」面向：這是從希臘文eudaimonia衍生出的概念。這個字源自亞里斯多德對幸福的看法——對他而言，幸福的人生就是有意義的人生。所以我們會問，你覺得自己的人生有意義嗎？

理想的研究方法是花十年時間，追蹤一萬個或更多的受試者（科學追蹤，不是跟蹤）。在這接下來的十年當中，有些人會升遷、有些人會被裁員、有些人會結婚。我們要問的問題是：生活中的各種轉變如何影響幸福的三個面向？

所以，整體而言你究竟多幸福呢？你對生活有多滿意呢？世界各地一天到晚都有人在問這個問題，所以我們可以從上百萬個答案中找出一些模式。不管是在丹麥、英國、美國、中國，或是印度，幸福的人有什麼共通點呢？薪水加倍或是結婚對幸福指數的普遍影響是什麼？幸福的共同因素到底是什麼？

這樣的研究方法在健康領域中已經行之有年，舉例來說，我們會觀察長命百歲的人有什麼共通點。從這些研究當中，我們可以發現菸酒、運動和飲食對壽命有很大的影響。我們於是用同樣的研究方法，找出幸福的關鍵因素。

你可能會想，幸福很主觀耶。沒錯，幸福是很主觀，不主觀也不行。我關心的是你對你的生活的感受。自己的幸福只有自己可以定義。沒錯，要衡量主觀的事物不是那麼容易，但也並非不可能，也有很多研究在探討壓力、焦慮和憂鬱，這些也都是主觀的感受。最終我們要關心的，其實就是身為一個個體，我們如何感知自己的生活。到目前為止，仍沒有論述可以說服我，幸福是唯一一個不能用科學方法研究的議題。幸福對人類如此重要，何不好好研究呢？

於是我們試著找出影響生活滿意度、情緒/享樂幸福，還有意義幸福的各種因素。當然，這三個面向相互牽連。如果你每天的生活都充滿著正面情緒，你的生活滿意度可能就比較高。第二個面向通常比較短暫，並且有「週末效應」：週末出現的正面情緒普遍比週間多。大部分人應該對這個發現不意外，畢竟週末比較有機會從事會讓人開心的活動。此外，幸福的三個面向在生物學的角度也相互關聯：情緒幸福和意義幸福就有這樣的關係——當快樂的經歷帶來快樂感覺時，大腦中的相關機制和活化的區域，都和產生意義幸福感時相同。

接著我們繼續討論Hygge和幸福。我個人覺得近年來最有趣的發現是，「正面情緒的存在」對整體幸福（以生活滿意度做評量）的影響大過「負面情緒的不存在」（雖然根據世界幸福報告，這兩者都很重要）。

在撰寫本書的過程中，我發現Hygge可以替每天的日常生活帶來幸福感。Hygge可以是我們規劃、保存幸福的語彙、動機和方式——每天都要來上一點。陰雨冷冽的一月天，上了一整天班回到家中，Hygge就是最幸福的事情。

面對現實吧，這就是人生。我不是指寒冷的一月天，而是每一天。一年當中也許會有一次或兩次的機會（幸運的話），可以到異國海灘找尋Hygge和幸福。但Hygge在於運用手邊豐富的資源，也就是，每一天。我想富蘭克林所言甚是：「幸福由每一天的小確幸、小快樂構成，而非鮮少發生的天大好事」。

不說了，我要去看我爸和他老婆了。帶個蛋糕好了。

Photo Credits

p.163 Ann-Christine/Valdemarsro.dk

p.164 Klaus Bentzen/Copenhagenmediacenter

p.166 Meik Wiking

p.168 Ethan Miller/Staff/Getty Images

p.170 Dennis Paaske/EyeEm/Getty Images

p.171 venerof/Shutterstock

p.172 galyaivanova/Getty Images

p.173 Anna Shepulova/Shutterstock

p.177 Paul Viant/Getty Images

p.178 JAG IMAGES/Getty Images

p.181 Meik Wiking

p.183 Ann-Christine/Valdemarsro.dk

p.184 Lolostock/Shutterstock

p.187 Meik Wiking

p.189 SarahGinn/Nomad Cinema

p.191 Meik Wiking

p.192 Thomas Høyrup Christensen/Copenghagenmediacenter

p.195 Marcel ter Bekke/Getty Images

p.200 www.caecacph.com/Jacob Schjørring & Simon Lau/Copenhagenmediacenter

p.201 Thomas Høyrup Christensen/Copenghagenmediacenter

p.202 La Glace

p.203 Anders Bøgild/Copenhagenmediacenter

p.204 Tivoli/Copenhagenmediacenter

p.206 Ty Stange/Copenhagenmediacenter

p.207 Ty Stange/Copenhagenmediacenter

p.208 Ty Stange/Copenhagenmediacenter

p.210 www.caecacph.com/Jacob Schjørring & Simon Lau/Copenhagenmediacenter

p.213 Martin Heiberg/Copenhagenmediacenter

p.217 Cees van Roeden/Copenhagenmediacenter

p.218 Ty Stange/Copenhagenmediacenter

p.221 AnjelikaGr/Shutterstock

p.222 Chris Tonnesen/Copenhagenmediacenter

p.227 Ann-Christine/Valdemarsro.dk

p.228 Ty Stange/Copenhagenmediacenter

p.232 Brent Hofacker/Shutterstock

p.234 Belinda Gehri/Great Dane Paper Shop

p.238 Jonas Smith/Copenhagenmediacenter

p.243 Ann-Christine/Valdemarsro.dk

p.245 Meik Wiking

p.246 Westend61/Getty Images

p.249 Meik Wiking

p.250 Ty Stange/Copenhagenmediacenter

p.253 Ty Stange/Copenhagenmediacenter

p.255 Adrian Lazar/Copenhagenmediacenter

p.258 Westend61/Getty Images

p.262 WichitS/Shutterstock

p.267 Here/Shutterstock

p.271 Sean Malyon/Getty Images

p.275 A. and I. Kruk/Shutterstock

p.280 A. and I. Kruk/Shutterstock.

　　感謝幸福研究機構的研究同仁Johan、Felicia、Michael 和Kjartan對本書的協助。沒有他們，這本書的Hygge度就 要大大減半了。

寫於La Glace，二〇一六年六月